Karl Fischer

Geschichte des Kreuzzugs Kaiser Friedrichs I.

Karl Fischer

Geschichte des Kreuzzugs Kaiser Friedrichs I.

ISBN/EAN: 9783743656178

Hergestellt in Europa, USA, Kanada, Australien, Japan

Cover: Foto ©ninafisch / pixelio.de

Weitere Bücher finden Sie auf **www.hansebooks.com**

Geschichte des Kreuzzugs Kaiser Friedrich's I.

Von

Dr. Karl Fischer,
Conrector a'm Gymnasium zu Schleiz.

Leipzig,
Verlag von Duncker & Humblot.
1870.

Vorrede.

Die Anregung zu vorliegender Arbeit hat Sybel's vortreffliche Geschichte des ersten Kreuzzugs gegeben. Wie nothwendig eine neue Bearbeitung des dritten Kreuzzugs schien, mag schon die Thatsache beweisen, daß gleichzeitig, gänzlich unabhängig von einander, zwei Bearbeitungen dieses Gegenstandes entstanden sind, die sich allerdings beide auf Kaiser Friedrich's I. Zug beschränken, zunächst wegen des Standes der Quellenausgaben; ich meinerseits mußte schon deshalb von einer Bearbeitung des ganzes Zugs abstehen, weil mir am hiesigen Ort eine genügende Einsicht in die Literatur unmöglich war. Einer Reihe von Zufällen habe ich es zu danken, daß beide Arbeiten nicht gleichzeitig im Druck erschienen und sich an sehr vielen Punkten lediglich wiederholten. Die Güte Herrn Dr. Riezler's, des Verfassers der Arbeit in den „Forschungen", hat mich in den Stand gesetzt, Einsicht in seine Schrift zu erhalten, ehe ich die meinige veröffentlichte. Vor allem mußten die Stellen meiner Arbeit gänzlich unterdrückt werden, die entweder nach Methode und Resultat bloße Wiederholungen gewesen wären, oder denen Riezler eine ausführlichere Behandlung, besonders durch eine umfassende Benutzung der Literatur, hatte angedeihen lassen. So habe ich bei den Quellen die Briefe auf ein Minimum reducirt; die Stellen über Nicetas, die Minnesinger 2c., die Theilnehmer des Zugs, des Kaisers Tod und Begräbniß mußten bis auf kurze Bemerkungen wegfallen. Die Behandlung der übrigen Quellen, bei der es mir hauptsächlich darauf ankam, den Thatbestand, der durch mancherlei Hypothesen gänzlich verwirrt war, festzustellen und zur Erklärung zu verwerthen, darf wohl auch so noch eignen Werth beanspruchen. Die Darstellung des Zugs selbst, aus wesentlich anderer Absicht als bei Riezler hervorgegangen, habe ich nur an den wenigen Stellen gekürzt, wo ich unbeschadet des Gesammteindrucks auf jene Schrift verweisen zu können glaubte.

So gebe ich mich der Hoffnung hin, daß eine wohlwollende Kritik das Erscheinen meiner Arbeit nicht für ungerechtfertigt halten wird, und daß es beiden Schriften vergönnt ist, ihren Weg friedlich und gemeinsam zurückzulegen.

Schleiz, im Februar 1870.

Der Verfasser.

Inhalt.

	Seite
Vorrede.	V
Quellen.	
Briefe	1
Tageno	6
Ansbert	16
Itinerarium Peregrinorum	33
Der Bericht in den Annal. Colon. Max.	43
Geschichte des Kreuzzugs.	
Cap. 1. Vorgeschichte	57
Cap. 2. Die Vorbereitungen	69
Cap. 3. Die Griechen und der Reichstag zu Nürnberg	73
Cap. 4. Der Aufbruch des Kaisers und der Marsch nach Philippopel	77
Cap. 5. Die Winterquartiere	86
Cap. 6. Der letzte Aufenthalt in Europa	102
Cap. 7. Der Uebergang über den Hellespont und die ersten Marschwochen in Kleinasien	107
Cap. 8. Von Laodicäa bis Iconium	110
Cap. 9. Sieg und Ende des Kaisers	117
Bemerkungen	124

Quellen.

Die Quellen.

Briefe.

Von der ausgedehnten Correspondenz, die auf Friedrich's Kreuzzug Bezug hat und von dem neuesten Bearbeiter desselben übersichtlich und vollständig verzeichnet ist[1]), hebe ich nur 4 Briefe hervor, die mir noch eine ausgedehntere Besprechung zu verdienen scheinen. Es sind dies die beiden correspondirenden Briefe Friedrich's und Saladin's, des Kaisers Schreiben an seinen Sohn und die anonyme Ep. de morte Frider. Was die erstgenannten betrifft, so nimmt die seitherige Kritik nicht gleiche Stellung zu ihnen. Friedrich's Schreiben an Saladin ist uns überliefert in dem Itinerarium regis Richardi, aus welchem es, wie der neueste Herausgeber desselben, Stubbs, glaubt, die anderen englischen Schriftsteller genommen und zum Theil sehr corrupt überliefert haben. Aber auch jenes hat den Brief nicht in allen Handschriften. Das älteste Manuscript, sowie das von Bongars gedruckte Stück kennen ihn gar nicht, cod. A., der interpolirt ist, bringt ihn später hinter der Randnotiz: hic intrare debet haec epistola; nur der jüngere vollständigste cod. C. hat ihn an der passenden Stelle. Nach einem ziemlich großsprecherischen Eingang und der Forderung, daß Saladin alles Eroberte herausgeben und für alles Entschädigung leisten müsse, wird mit einem Kriegszug gedroht und mit gespreizten Worten auf die kaiserliche Macht hingewiesen: numquid

---

[1]) Riezler Forschungen z. d. G. X. 108—115.

scire dissimulas ambas Aethiopas, Mauretaniam, Persiam, Syriam, Parthiam, Judaeam, Aegyptum et Armeniam cum innumerabilibus terris nostrae ditioni esse subjectas? Nachdem in diesem Stil weiter geprahlt ist, folgt zum Schluß die Bemerkung, Saladin solle nur des Kaisers Macht nicht zu gering schätzen. Schon Maimbourg[2]) hist. d. crois. II 207 sagt über diesen Brief sowohl wie über Saladin's Antwort: elles sont faites à plaisir mais avec peu d'art, et sans aucune vraysemblance. Auf Beweise stützt sich der schillernde Franzose allerdings weiter nicht, hat hier aber keinen üblen Instinkt bewiesen. Auch Schlosser[3]) sagt: die Briefe sind, wenn nicht unächt, was höchst wahrscheinlich ist, doch ganz gewiß beider Helden durchaus unwürdig. Erst Wilken[4]) verwirft ihn nicht blos aus Gründen des Geschmacks, sondern erklärt ihn auf wissenschaftlichen Beweis gestützt für das Machwerk irgend eines Engländers oder Franzosen; auch Stubbs glaubt ihn als unächt bezeichnen zu können, fügt aber merkwürdigerweise hinzu: judged, however, by the side of manifestoes of modern heroes, it contains nothing, prima facie, inconsistent with authenticity. Dem schließt sich im Ganzen auch Riezler an[5]) und glaubt dies Resultat noch dadurch befestigen zu können, daß er auf die Einleitungsworte des Itinerar.: talis est tenor imp. ep. mit der Bemerkung hinweist: „Wir erkennen in dem Schreiben genau den poetischen Stil wieder, den wir von dem Verfasser des Itinerars gewohnt sind, und ziemlich unverhüllt scheint mir derselbe sogar selbst das Geständniß zu machen, daß er das Schriftstück erdichtet." Das kann ich nun nicht finden; es kann aus diesem talis tenor doch nichts Anderes gefolgert werden, als daß ihm etwa ein Auszug dieses vermeintlichen kaiserlichen Briefs zu Gebote stand, den er dann zu dem vorliegenden Schreiben formulirt hatte, daß er aber alles mit Bewußtsein ersonnen habe, scheint mir über den Tenor zu gehen, jedenfalls würde seine nachfolgende Versicherung, Saladin's Antwort betreffend, durchaus keinen Anspruch auf Glauben mehr erheben können. Soviel ist jedenfalls sicher, daß das vorliegende

---

[2]) Sybel Gesch. 1. Kreuzz. 163 f.
[3]) Allg. Gesch. 1821. III. 474.
[4]) Gesch. d. Kreuzz. IV. 52.
[5]) l. c. 110.

Schreiben von Anfang bis zu Ende gefälscht ist. Daß die in demselben aufgestellten Bedingungen nicht mit denen in den Annal. Col. Max. genannten stimmen, kann bei der Natur dieser Quelle durchaus nichts beweisen; auch der Grund, daß die erhaltene Antwort Saladin's sich auf Dinge beziehe, die in dem kaiserlichen Briefe nicht vorkommen, hat nur Geltung, wenn die Aechtheit des türkischen erwiesen ist. Es könnte allenfalls noch hervorgehoben werden, daß keine deutsche Quelle den Brief des Kaisers kennt.

Besser bezeugt ist Saladin's Antwort, die die Bedingungen des Kaisers abweist und verlangt: die noch nicht eingenommenen Städte sollen ihm ausgeliefert werden, Kreuz und Gefangene will er übergeben, christlichen Gottesdienst gestatten. Alle Neueren, auch Riezler, erklären sie für ächt. Allerdings ist zuzugeben, daß dieser Brief im Ganzen der Situation und der Persönlichkeit des Schreibers bei weitem angemessener ist, als der vorhergehende. Aber wie ist es denn z. B. zu erklären, daß kein Schriftsteller der betheiligten Nationen ihn kennt, weder Deutscher noch Araber? Wilken will sich auf eine Stelle bei dem Anonym. Canis. berufen, aber weder dieser Schriftsteller noch die betreffende Stelle können beweisen. Die von Riezler citirten Worte des Itinerar.: eam quidem in ipsa simplicitate verborum in qua fuerat conscripta, recitando proponimus, nihil penitus immutantes könnten, wie gesagt, nur in Betracht kommen, wenn Riezler seine vorausgehende Hypothese fallen ließe; und selbst dann werden sie schwerlich den gewünschten Dienst leisten. Zunächst ist mir das „fuerat" darin auffällig, es geht entschieden daraus hervor, daß dem Verfasser des Itin. der Brief nicht vorgelegen hat, als er ihn in sein Werk aufnahm, im andern Fall hätte er ohne Zweifel est oder doch erat gebraucht, auch das recitare scheint mir eher auf eine Function des Gedächtnisses zu gehen, als auf die rein sinnliche des Abschreibens; der Ausdruck nihil penitus immutantes ist unklar, zu einer authentischen Interpretation gehörte hier vor allem eine Untersuchung darüber, wie dieser Schriftsteller penitus gebraucht, ein Wort, welches im mittelalterlichen Latein ein variable Bedeutung hat; bemerkenswerth ist auch die Nüance, die das Compositum immut. statt des einfachen Verbs hervorbringt. Die ganze Notiz macht mir durchweg den Eindruck des Schwankens und der Unklarheit über das, was der

Schreiber sagen will. Ich kann nur herauslesen, daß der Verfasser sich bestreben werde, den Brief in der Einfachheit und Wahrheit zu reproduciren, wie es ihm Notizen und Tradition gestatteten. Es scheinen mir aber durchaus nicht alle Bedenken so beseitigt, daß man dieses Schreiben für unbedingt ächt halten könnte. Riezler scheint an dieser Stelle selbst noch nicht ganz sicher zu sein. — Bei mehreren Neueren, auch bei Riezler, finde ich ausgesprochen, daß sie einen Briefwechsel zwischen beiden Souveränen für sicher halten. Dem kann ich so unbedingt nicht folgen. Vergegenwärtigen wir uns den Zweck der Sendung des Grafen Dietz. Niemand wird glauben, daß ein solcher Mann geschickt worden wäre, um blos ein ritterliches Gaukelspiel aufzuführen; Niemand wird glauben wollen, daß der Kaiser ihn mit einer prahlerischen Tölpelei und Kriegserklärung abgesandt habe; er wurde also wegen einer ernst gemeinten Unterhandlung geschickt, denn wenn man auch Friedrich I. keinen solchen Standpunkt in diesen Dingen zuschreiben kann, wie seinem geistreichen Enkel, so muß man doch annehmen, daß er, zumal in seinem hohen Alter, den Werth gütlicher Auseinandersetzung sehr wohl zu schätzen wußte. Daß Saladin kein fanatischer Mohammedaner war, mußte ihm ebenfalls bekannt sein; die Vorbedingungen zu einem Compromiß waren also da. Was sollte da nun ein kaiserliches Schreiben? Etwa die Schlußbedingungen aussprechen, hinter welche man nicht zurückweichen wollte? Dann war eine Verhandlung unnöthig, denn eine solche ist ja gerade dazu da, durch gegenseitiges Abreiben der Anfangsforderungen die Grenze zu finden, bei der jeder stehen bleiben will und muß. Setzt man also den redlichen Willen des Kaisers voraus, einen Ausgleich zu Stande zu bringen, so war ein kaiserliches Schreiben in diesem Stadium der Verhandlungen, wo nicht hinderlich, so doch zwecklos. Diese Bedenken vereinigen sich mit den obengenannten, so daß ich diese Correspondenz, die auf das Publikum berechnet scheint, weder für materiell begründet noch für erwiesen ächt in der vorliegenden Form halten kann. —

In Betreff des kaiserlichen Briefs an König Heinrich kann ich mich kurz fassen. Ich will nur hervorheben, daß er das Resultat des Fürstenraths zu Philippopel ist und die Belagerung Constantinopels in Aussicht stellt, zu der Heinrich eine italienische Flotte sammeln solle, denn der Grieche könne, wie jetzt die Dinge lägen, nicht anders zur

Erfüllung des Vertrags gebracht werden. Durch den unerwartet langen Aufenthalt sei das Geld knapp geworden, Heinrich solle also die ausstehenden Gelder eintreiben und bei dem befreundeten Venetianer Bernhard deponiren lassen. Ob diese Notiz vielleicht ein Licht auf den „Bernardus thessaurarius" werfen kann, habe ich nicht untersuchen können. — Das mir von Tageno bei Freher aufbewahrte Schreiben des Kaisers an den Herzog von Oestreich scheint mir nichts als ein ganz knapper Auszug aus dem vorigen. —

Die epistola de morte Frid. imp. kann ganz besonderen Werth beanspruchen, schon deshalb, weil der Verfasser, offenbar ein hoher Kirchenfürst, durch seine Stellung leichter in der Lage war, wirklich authentische Nachrichten zu geben. Riezler weist darauf hin, daß er trotz der Erwähnung Kölns wohl kein Deutscher sei. Zieht man ferner in Erwägung, daß alle Ereignisse bis zur Landung in Klein-Asien in einen Participialsatz zusammengedrängt sind, von da aber der Bericht nach dem Ende zu immer an Ausdehnung und Bedeutung gewinnt, so findet das vielleicht — außer der Thatsache, daß er wohl in einem Zug in Tarsus niedergeschrieben ist — eine Erklärung mit darin, daß der Verfasser einer von den Theilnehmern ist, die erst später zum Zuge stießen. Das war einmal Aimo von Briançon, Erzbischof von Tarantaise, der in Brandiz, und dann Peter von Brixei, Bischof von Tull, der noch später zum Kreuzheer stieß; beide sind fast beständig in der Umgebung des Kaisers, waren auch zugegen bei den letzten Berathungen in Philippopel. Die Kenntniß von der Größe Kölns, sowie auch die erst an der Bulgarisch-Rumelischen Grenze erfolgte Ankunft bei dem Heer scheinen mir mehr auf Peter von Tull hinzuweisen; ich wollte diese Vermuthung nur zur weiteren Prüfung hingestellt haben. Auffallend ist mir noch gewesen, daß die Anrede mit sanctitas vestra sich zuweilen, so am Schluß, in ein einfaches vobis verwandelt. Auf den besondern Werth des Berichts über den Tod des Kaisers hat Riezler mit Recht hingewiesen.

Tageno.

Von diesem bairischen Dekan, der mit seinem Bischof, Dietpold von Passau, den Kreuzzug mitmachte und bei Tripolis gestorben und begraben ist⁶), haben wir auch eine Beschreibung desselben, deren erster Theil in einem Briefe, im Namen seines Bischofs an Leopold von Oestreich geschrieben, niedergelegt ist, während der zweite in Form eines Berichts folgt. Das Ganze liegt in zwei Recensionen vor; der zweite größere Theil findet sich fast wörtlich in dem anderen wichtigsten Bericht Ansbert's wieder. Zunächst handelt es sich um jene beiden Recensionen. Der Fortsetzer der Reichersb. Chron., der Presbyter Magnus, sagt hinter der Mittheilung des Berichts⁷), daß das von Tageno Geschriebene und Geschickte von ihm fideliter per annos adnotata esse. In der zweiten Recension ist derselbe Bericht zuerst von Aventin 1522 und dann gleichlautend mit diesem von Freher herausgegeben⁸). Die beiden Recensionen des Berichts beginnen mit der nicht wörtlich übereinstimmenden Erzählung vom Aufbruch des Kaisers. Ob dieser Anfang von demselben Verfasser herrührt wie der folgende Brief und der zweite Theil des Berichts, wird schwerlich zu ermitteln sein, wenn nicht neue handschriftliche Beweismittel aufgefunden werden; eine Thatsache, die schon Büdinger⁹) ausgesprochen hat. Der Anfang des Briefs zeigt fast überall wörtliche Uebereinstimmung, selten sind bei Freher¹⁰) Partikeln beseitigt oder Kürzungen vorgenommen, zuweilen finden sich einzelne Ausdrücke umgewandelt, wie das suspendi fecimus und suspendi praecepimus der Reichersb. Chron. 509 Z. 29 und 42 in das einfachere und glattere suspendimus; ebenso ist das in secunda, tertia clausura der Reichersb Chron. bei Freher verdeutlicht durch venimus ad. — Schon gleich im Anfang zeigt sich eine Eigenthümlichkeit Tageno's, die sich durch den ganzen Bericht hindurchzieht, die aber in dem Freher'schen Texte

---

⁶) Weiteres über ihn, besonders über sein Verhältniß zu dem Vogt Friedrich s. Riezler 92 ff.
⁷) M. G. SS. XVII. 517.
⁸) Vergl. Riezler 88 f.
⁹) Zeitschr. f. östr. Gymn. 1859 S. 374.
¹⁰) Aventin war mir nicht zugänglich.

vollständig verwischt ist. Es ist dieses seine Vorliebe für die Construction mit quod; sehr selten setzt er nach verbis dicendi den acc. cum inf., sondern durchweg quod, ebenso bezieht er dieses auf ein vorhergehendes ita, ein Gebrauch, der sich mit zahlreichen Beispielen belegen läßt, wie Chr. Reich. 509 Z. 45, wo Freher ut liest; 510 Z. 7 dixit quod, 510 Z. 10 agebat quod und weiter auf derselben Seite Z. 26, 29, 36; S. 513 Z. 43; 514 Z. 37, 52, 63; 515 Z. 1, 23, 46 ꝛc. ꝛc., wo Freher meist acc. cum inf. setzt. Der Einwand, daß diese Construction dem mittelalterlichen Latein geläufig ist, beweist nichts gegen die Haltbarkeit der Ansicht, daß bei Freher Ueberarbeitungen vorgekommen sind. Die Sprache Tageno's in der Reichersb. Chron. ist durchweg einfach und liebt eine constante Bezeichnung und Ausdrucksweise. Das Verbum sustinere z. B. kommt dem Freher'schen Text zu häufig, er setzt deshalb andere Verben an seine Stelle. Ueberall, wo es sich im Laufe der Erzählung um das Ausliefern resp. Wiedererlangen der kaiserlichen Gesandten handelt, hat der Text der Reichersb. Chron. rehabere, vier bis fünf Mal hinter einander, während Freher's Text an allen Stellen den Ausdruck variirt. Durch jenes Constante bekommt Tageno's Stil einen unverkennbaren Charakter: Friedrich heißt bei ihm meist domnus Imperator; mit mehr oder weniger eleganten Ausdrücken wechselt der Freher'sche Text ab, der eine gewisse Vorliebe für imperator noster zu haben scheint; girare und regirare verwandelt sich bei ihm in in gyrum vertere, ebenso beseitigt er die Verba attemtare, coadunare, statt magnates und barones setzt er lieber optimates. Der Hellespont, der bei dem Reichersberger immer brachium, zuweilen mit dem Zusatz S. Georgi heißt, findet sich bei Freher auf verschiedene Weise mit andern Zusätzen bezeichnet. Der Ausdruck leticiam 510 Z. 31, der im Zusammenhang eine schlagfertige Ironie zeigt, wird bei Freher zum steifen honor. Das hospitatis 510 Z. 32 verwandelt Freher in das breitere in hospitiis collocatis. Den Gebrauch von vicibus, vici etc. vermeidet Freher und ersetzt diese Ausdrücke durch adverbia numeralia. Statt titulis nostris setzt Freher nobis; auch usibus attitulare, districtum, in ore gladii finden vor dem Ueberarbeiter keine Gnade; die originelle Ausdrucksweise 514, 2 verberare hat der Textverbesserer durch prosternere ersetzt; das 514, 6 stehende morose und indignatio hat der Freher'sche Text unterdrückt, seien sie auch noch so charakteristisch und nothwendig für das Verständniß des schriftstellerischen Charakters des Berichts. Den Satz S. 514 Z. 37 und 38 hat Freher besser latinisirt und ebenda Z. 41. Das ächt Tagenonische nec non hat Freher nie; das collateralis 515, 21 hat er wieder verflacht; die Ausdrücke equitaturae und carnes equinae vermeidet er. Höchst unzuverlässig erscheint die Recension Freher's auch bei Zahlen. Aus bene centum 514, 3 macht sie decem millia; 514, 65 wird tria milia bei Freher zu decem fere milia, und weiter unten Z. 40, wo der Sultan mit seiner Wache von 600 Mann ankommt und, als er den Feind sieht, die Flucht ergreift und sich in die Burg von Iconium rettet', sind die 600 Mann bei Freher zu 600 Tausend angewachsen, ein leicht erklärlicher Irrthum aus dem folgenden militibus und dem Mißverständniß der Stelle. Durch alle diese Aenderungen hat der schriftstellerische Charakter des Verfassers nicht gewonnen. In gleicher Weise hat der Ueberarbeiter Ausdrücke entfernt oder umgeformt, die eine gewisse Derbheit der Anschauung und der Darstellung beweisen, so wird das sopire 515, 11 bei ihm zum zahmen mitigare und mehr dergleichen.

Bald werden die Abweichungen im Text wesentlicher, und zwar vorzugsweise an dem Punkte, wo der Bericht des Tageno, wie er in der Reichersb. Chron. vorliegt, eine auffallende Kürze zeigt. So findet sich bei Freher S. 411 ein Zusatz von den Zeilen 14—18, der in der Reichersb. Chron. fehlt und in welchem erzählt wird, daß der griechische Kaiser zwangsweise naves MD. galeas XXVII geschickt habe, in sieben Tagen sei die Ueberfahrt beendigt gewesen. Diese Nachricht' rührt offenbar her aus Hug. chronic. cont. Weingart. MDXX. Das septem bei Freher ist durch einen Lesefehler des Abschreibers durch das folgende septem diebus veranlaßt; der Text Aventin's hat ... galeas viginti [11]). Von Werth ist die Abweichung, die er über die Lage Thyatira's hat, eine Stelle, an welcher der Text des Magnus Confusionen zeigt; alle anderen Zusätze erscheinen durchweg als werthlose Glosseme. Daß in der Reichersb. Chron. S. 513, 20 Maeander fehlt, ist durch die Nachlässigkeit eines

---

[11]) Vgl. Riezler 51 A. 1.

Abschreibers geschehen, die durch die Aehnlichkeit des Worts mit dem vorhergehenden minor ihre Erklärung finden mag. Als Glosseme der oben bezeichneten Art sind anzusehen S. 411 Z. 7 ob metum nostrum, oder Zeile 5 Hellespontum antiqui vocant; das sive sinum zu brachium und Anderes. Im weiteren Verlauf werden die Differenzen zwischen beiden Texten immer bedeutender, der Charakter des Excerptes zeigt sich klarer, wie S. 413 oben verglichen mit Chron. Reich. 514 Z. 13 und 14; S. 514 Z. 18 bis 20, 23 und 46 fehlen ganz; Z. 49—58 sehr verkürzt bei Freher und ebenso im folgenden. S. 515, 6. 7. fehlt bei Freher; Z. 9—13, 22—24, 35—40, 57—60 bedeutend verkürzt. Gegen Ende nehmen die Abkürzungen immer mehr zu, der Schluß scheint verstümmelt und bringt die Nachricht vom Tode des Verfassers.

Die Folgerungen aus dem vorstehenden Detailvergleich scheinen einfach und evident. Wir haben bei Freher einen verkürzten Text, der zudem das Bestreben zeigt, das Originelle und Mittelalterliche des Lateins zu beseitigen und nach der Meinung des Ueberarbeiters Classisches an die Stelle zu setzen, ein Vorgang, der vielleicht in dem humanistischen Zug der Zeit Veranlassung hatte und seine Erklärung finden kann. Ob Freher eine von Magnus unabhängige Abschrift vorlag oder nicht, wird sich schwerlich irgendwie nachweisen lassen, ist auch für die ganze Frage über das Verhältniß zwischen Tageno und Ansbert bei dem jetzigen Stand der Sache ziemlich gleichgültig [12]). Von Werth ist die Abwägung beider Texte und die daraus resultirende Beurtheilung der Reichersberger Relation hauptsächlich aus dem Grunde, weil nur mit dieser Basis die Ansbert'sche Frage zu beurtheilen ist.

Wenden wir uns nun zu einer Betrachtung des Tageno'schen Berichts in sachlicher Beziehung.

Nach der Angabe des Presbyter Magnus in der Reichersb. Chron. a. a. O. S. 517 Z. 43 hat Tageno ein Tagebuch vom 15. Mai des Jahres 1189 bis zur Ankunft des Kreuzheeres in Antiochia 1190

---

[12]) Riezler, der sich überhaupt in der ganzen Frage kurz faßt, ist der Meinung, daß der Text des Magnus und Aventin als von einander unabhängige Abschriften zu betrachten seien. Der Beweis scheint mir nicht vollständig erbracht, scheint auch, wie gesagt, für die ganze Untersuchung nicht von Belang.

geschrieben. Der Bericht beginnt, wie schon oben bemerkt, mit einigen kurzen Angaben, in denen der Aufbruch des Kaisers gleich nach Ostern, am 9. April, erwähnt und gesagt wird, daß er mit seinem Sohne durch Ungarn und Griechenland gezogen sei. Am 15. Mai sei man von Passau aufgebrochen und von dort habe sich Bischof Dietpold von Passau, ein Verwandter der Grafen von Andechs, dem Kaiser angeschlossen. Nachdem das Motiv der Theilnahme als religiöses bezeichnet worden ist, heißt es, daß in demselben Jahre der Bischof Dietpold einen Brief aus Griechenland geschrieben, dessen Wortlaut folgt. Der Brief führt dann die Erzählung vom Eintritt des Heeres in das bulgarische Land bis zu dem Beziehen der Winterquartiere fort, also vom 28. Juni bis ungefähr zum 11. November 1189. In der Reichersb. Chron. folgen dann Briefe und Nachrichten von jerusalemitischen Christen über die letzten Ereignisse in Jerusalem vor dem Beginn des Kreuzzugs; bei Freher haben hier die schon oben erwähnten Briefe an Herzog Leopold und die Sibylla's an den Kaiser ihre Stelle. Der Text beginnt dann wieder äußerst kärglich, und zwar erst mit dem 15. Januar mit dem Abmarsch der in Philippopel gebliebenen Truppen nach Adrianopel, die sich dort mit dem Kaiser vereinigen sollten. Die ganze Zeit des letzten Aufenthalts in Europa, der Weitermarsch, Uebergang nach Klein-Asien und die ersten Wochen daselbst sind sehr kurz behandelt; es sind die allerknappsten Tagebuchsnotizen, die zum Theil nur gemacht scheinen, um eine Continuität herzustellen. Fließen die Nachrichten dann auch etwas reichlicher, so läßt sich doch nicht verkennen, daß ungefähr vom 16. Mai, d. h. von der Stelle, die der Bericht mit dem Ansbert's gemein hat, die Mittheilungen viel reichlicher werden, ähnlich wie im ersten Theil des Berichts. Für diese auffallende Kürze eine unzweifelhaft richtige Erklärung zu geben, erscheint mir unmöglich, ich muß mich begnügen, wenn ich dafür eine möglichst plausible Auskunft gefunden habe. Die kärglichen Notizen fallen nämlich in eine Zeit, die mit die schlimmste für die Kreuzfahrer war: der Aufbruch aus den Winterquartieren, die letzten Märsche zum Hellespont, dann die ungeheuren Mühen in Klein-Asien, zu denen die Anfälle der Türken, Hunger und Durst im höchsten Maße kommen, mögen ihren schlimmen Einfluß schon in körperlichen und geistigen Beschwerden des Verfassers gezeigt haben.

Bis endlich nach einem erquickenden Ruhepunkt der alte frische Tageno wieder beginnt bis zum Tode des Kaisers, den er übrigens selbst nicht erwähnt, wie denn der Bericht überhaupt am Schluß ohne Zweifel verstümmelt ist.

Mit Recht machen nun die neuesten Herausgeber Ansbert's, Tauschinsky und Pangerl in den Fontes rer. Austr. SS V. p. XX darauf aufmerksam, daß, selbst zugegeben, daß der Brief gleichsam für Tageno's Tagebuch angesehen werden könne, doch nicht unbedeutende Lücken sich fänden, nämlich vom 15. Mai 1189 bis 28. Juni d. J. und vom 11. November 1189 bis 15. Januar 1190. Die Herren Herausgeber glauben dafür den Chronisten verantwortlich machen zu müssen, indem sie a. a. O. hinzufügen: „Man wird uns demnach keine erheblichen Einwendungen machen können, wenn wir hier gegen die Richtigkeit der Aussage des Chronisten, daß er den Bericht des Tageno getreulich zu den betreffenden zwei Jahren verzeichnet habe, einige gelinde Zweifel auszusprechen uns erlauben." Dieses Erklärungsmittel der Herren Editoren scheint mir durchaus nicht gut gewählt. Je öfter ich den Thatbestand erwäge, desto weniger vermag ich mich zu einem derartigen Auskunftsmittel zu verstehen. Zunächst ist nochmals hervorzuheben, daß — wie auch die Herren Herausgeber Ansbert's zuzugeben geneigt scheinen — zwischen dem Brief und dem folgenden Berichte Tageno's eine Einheit nach Stil und Auffassung statuirt werden muß; kein unbefangener Leser wird sich dieser Einsicht verschließen. Sehen wir uns nach den Gründen um, die die Herausgeber für ihre Anklage gegen die Glaubwürdigkeit des Chronisten geltend machen.

Mit vorläufiger Uebergehung alles dessen, was Bezug auf Ansbert hat, wollen wir die Herren Editoren reden lassen: „Die Nachrichten über die weiteren Begebenheiten (das heißt die vom 15. Januar) sind in der Reichersb. Chron. anfänglich kurz gefaßt und erregen dadurch in uns die Vermuthung, daß der Chronist, dessen Verläßlichkeit hinsichtlich der richtigen Ueberlieferung des Tageno'schen Tagebuchs wir schon oben angezweifelt haben, sich hier beim Abschreiben Kürzungen erlaubt habe." Also hier eine „Vermuthung", oben „gelinde Zweifel". Warum, erlauben wir uns nun zu fragen, soll der sonst von der Kritik gut beleumundete Chronist gerade bei diesem Schriftsteller die von den Editoren vermißten Stellen unterdrückt haben?

warum soll er gerade nur vom 15 Januar bis etwa 27. April verkürzt und dann Alles in extenso gegeben haben? Gewöhnlich sind solche unzuverlässige Berichterstatter, wie der Chronist von den Editoren gedacht ist, doch von der bekannten Art, daß sie den Anfang ausführlich geben und das Ende kürzen und nicht umgekehrt.

Versuchen wir vielmehr eine Erklärung in den Thatsachen selbst. In jene erste Zeit vom 15. Mai bis 28. Juni fällt der friedliche Zug des Kaisers durch Oestreich und Ungarn, wo nichts hätte berichtet werden können, als Feste, Jagden und Musterungen. Sobald aber die bulgarische Grenze überschritten wird und die Feindseligkeiten anfangen, beginnt der Bericht, der in Philippopel abgefaßt ist. Ueber das Leben und Treiben in den Winterquartieren selbst vom 11. November 1189 bis zum Ausrücken nach Adrianopel schweigt er; sobald die militärischen Operationen beginnen, hebt auch Tageno's Stimme wieder an. Es erscheint demnach doch wohl gerechter und sachgemäßer, diese Eigenthümlichkeit aus dem Charakter des Schriftstellers und seiner Tendenz zu erklären, als einem sonst zuverlässigen Berichterstatter solche Willkürlichkeiten zuzuschreiben, für die nicht die geringste Begründung beigebracht wird. Aehnlich verhält es sich bei der Stelle vom 15. Januar ab. Es leuchtet doch auch hier, wie schon angegeben, die Unwahrscheinlichkeit ein, daß der Chronist nur an dieser Stelle gekürzt und sonst Alles vollständig gegeben hätte; auch hier vermisse ich die Angabe irgend eines Grundes von Seiten der Herausgeber. Mag nun die schon früher gegebene Erklärung dieses Umstandes gebilligt werden oder nicht, so wird sich auch hier die Inbetrachtziehung der Person und Tendenz des Schriftstellers lohnen; jedenfalls erscheint es nicht so ohne Weiteres gerechtfertigt oder gar nothwendig, den Chronisten für diese Thatsachen verantwortlich zu machen. — Es erhebt sich nun die weitere Frage, wie es zu erklären ist, daß der Bericht Tageno's nach der Reichersb. Chron. — denn der Freher'sche hat auch hier überarbeitet — vom 18. März 1190 bis zum Schluß von den Kreuzfahrern meistens in der dritten Person spricht; es steht nämlich theils nostri peregrini und Aehnliches, theils bleibt das Subjekt zu ergänzen, in den casibus obl. wird neben noster auch is gebraucht. In dem ersten Theil kommt die dritte Person nicht vor; dabei ist zunächst nicht zu vergessen, daß die Mittheilungen dort in Briefform

gegeben werden. Der Briefschreiber fühlt sich hier überall als Kreuz=
fahrer, als Theilnehmer gegenüber dem außerhalb des Unternehmens
Stehenden, dazu schreibt er im Namen und Auftrag des Bischofs in
dem umfassenden Wir. — Büdinger will sich dadurch helfen, daß er
a. a. O. S. 374 sagt: „Der Verfasser der Reichersb. Chron. hat nur,
um den Charakter der eigenen Erzählung nicht zu verwischen, das
„„wir"" Tageno's in ein „„sie"" oder „„unsere Pilger"" verwandelt";
das schließt nun weiter die Annahme in sich, daß der Verfasser der
Reichersb. Chron. den Bericht nach seiner Auffassung redigirt habe,
was aber besser zu begründen wäre; andrerseits stützt sich die ganze
Erklärung Büdingers auf einen ungenügend festgestellten Thatbestand.
Er sagt nämlich weiter: „An einigen Stellen verräth sich noch die
ursprüngliche Form", und citirt dann zwei Stellen.

Giebt man sich nun aber die Mühe, den Text genau darauf an=
zusehen, so stellen sich nicht weniger als 16 Stellen heraus, in denen
geradezu die erste Person gebraucht wird, nämlich S. 513, 27 zweimal,
62, 64; 514, 7 zweimal, 18, 27, 28, 29, 30, 33, 34; 515, 4 zwei=
mal, 5, 8; exercitus noster oder nostri hat er elfmal. Eine solche
Anzahl von Stellen kann man denn doch wohl nicht als einige be=
zeichnen und behaupten, daß sie Reste der ursprünglichen Form seien.
Schon deshalb muß man sich um eine andere Erklärung bemühen.

Die Grundlage für die Hypothese Büdingers ist durch den eben
festgestellten Thatbestand unmöglich gemacht, zudem müßten sich doch,
wenn vom „Charakter der eigenen Erzählung" des Chronisten geredet
werden kann, dessen stilistische Eigenthümlichkeiten in dem Bericht selbst
wiederfinden, was aber nicht der Fall ist; auch ließe sich, wenn auch
die mittelalterlichen Schriftsteller in dieser Beziehung andere Grundsätze
befolgt haben mögen als die neuern, das fideliter adnotata schwerlich
mit dem „Charakter der eigenen Erzählung" vereinen. Dazu kommt
ferner noch die Frage: Wie sollte der Chronist dazu kommen, gerade nach
dieser Richtung und nur an einzelnen Stellen Veränderungen vorzu=
nehmen? Es erscheint doch kaum möglich, dem Chronisten eine solche
Willkürlichkeit und sinnlose Inconsequenz zuzuschreiben.

Es scheint auf diesem Wege keine Auskunft möglich; ich will also
auch hier versuchen Alles beizubringen, was in sachlicher Beziehung zur
Erklärung beitragen kann. Bei dem Wechsel der ersten und dritten

Person, resp. dem vorwiegenden Gebrauch der letzteren, mag Verschiedenes eingewirkt haben. Zuvörderst gewinnt die Trennung von den Uebrigen sowohl auf dem Marsch, wie in den Winterquartieren Bedeutung; sie setzen natürlich truppweise über und marschiren in gesonderten Colonnen weiter. Wie leicht kann sich da bei Tagebuchsnotizen, zumal bei so kurzen, die dritte Person einschleichen. Wie oft hat Tageno Dinge zu berichten, von denen er als persönlich Unbetheiligter erst nachträglich Kunde erhalten hat. An allen militärischen Dingen ist er nur mittelbar betheiligt. Sollte es nicht oft genug vorgekommen sein, daß er bei seinen kurzen Tagebuchsnotizen, bei denen sich überdies eine bestimmte Anzahl von Verben wiederholte, vielerlei Abkürzungen gebraucht hat, deren Auflösung in die dritte Person dem Chronisten am nächsten lag? Solche Erwägungen ließen sich wohl noch vermehren; ich beschränke mich indeß auf die angeführten um so mehr, als dergleichen zum großen Theil auf subjectiver Anschauung beruht. Wie subjectiv auch dieser Erklärungsversuch erscheinen mag, jedenfalls schien es nothwendig, gegenüber den übrigen Versuchen, von denen ich nur Büdinger und die Herausgeber des Ansbert in den Fontes als die wichtigsten herausgehoben habe, den Thatbestand zu constatiren [13]).

Schließlich möchte ich es versuchen, die ganze Persönlichkeit des Berichterstatters durch eine Zusammenfassung seiner stilistischen Eigenthümlichkeiten und die Beleuchtung des Gesichtskreises, aus welchem er seine Nachrichten giebt, näher zu rücken.

Was seine stilistischen Eigenthümlichkeiten angeht, so wird es genügen, wenn ich zunächst auf das hinweise, was bei der Vergleichung der beiden Recensionen Freher's und der Reichersb. Chron. bereits oben gesagt ist. Es läßt sich daraus eine ziemliche Anzahl von Beispielen gewinnen, die überall auf klare, derbe Anschauung und große sinnliche Kraft des Ausdrucks hinweisen. Charakteristisch für ihn ist die ebenfalls schon erwähnte Stelle in der Reichersb. Chron., wo Tageno den Herzog von Schwaben die Griechen, welche die so lange gefangen gehaltenen Gesandten Friedrich's zurückbringen und über die Art des Empfangs in Schrecken gerathen waren, damit beruhigen läßt,

---

[13]) Riezler 95.

daß er sagt, das pflegten die Deutschen so zu machen „zur Freude" ihrer Gäste. Ferner ist bezeichnend für ihn, wie er das Verhalten des Kaisers gegen die verschmitzten Griechen darstellt und motivirt bei Gelegenheit der Unterhandlungen wegen der zurückgehaltenen kaiserlichen Gesandten. Als nämlich die Verhandlungen noch ohne Erfolg geblieben waren, läßt er, „wie es Zeit und Ort verlangten, Kaiser und Fürsten blande et sapienter" auf die griechischen Unverschämtheiten antworten; als dagegen die Gesandten in Sicherheit waren, spricht er imperiali modo, sicut prius humiliter pro rehabendis nunciis suis locutus fuit. Gerade in diesen Stellen zeigt sich die derb geartete Volksnatur des Berichterstatters, die einen Sarkasmus liebt und einen guten Kniff nicht scheut; Tageno freut sich über seinen Herrn, daß er damit die überklugen Griechen überlistet habe. Andrerseits läßt sich nicht verkennen, daß damit eine gewisse Beschränktheit des Gesichtskreises Hand in Hand geht, wie dies durchaus bei einer solchen Natur nichts Befremdliches hat. Sein Detail ist fast nur auf seine nächste Umgebung gerichtet und demgemäß dürftig. Die ganzen Verhandlungen mit den serbischen Fürsten, die von so großer Wichtigkeit waren und bei Ansbert genau wiedergegeben sind, thut Tageno damit ab, daß er den Kaiser als multa pertractans mit ihnen bezeichnet. Von den Todesfällen, die einzelne Ritter betreffen, nennt er nur ganz im Anfang den von Hals, einem Ritter aus der Diöcese Passau, nicht Halle, wie Wattenbach liest, und Ainvic von Hagenau; Specialitäten über die Einnahme Iconiums und über die Stadt selbst vermißt Büdinger und tadelt diese Kürze und Einseitigkeit, objectiv gewiß mit Recht; vergißt aber der Person des Schreibers gerecht zu werden. Alles dies stimmt so sehr mit der ganz geschlossenen, derben und in gewissem Sinne beschränkten Persönlichkeit Tageno's zusammen, daß mir seine Glaubwürdigkeit und sein Verständniß nur dadurch zu gewinnen scheint. Diese Abgeschlossenheit, die zuweilen wie Theilnahmlosigkeit aussieht, verbreitet Licht über den ganzen Charakter dieses Berichts und trägt vielleicht mit zur Erklärung des Gebrauchs der dritten Person bei. Für seine geringe Kenntniß aller ihm ferner liegenden Verhältnisse spricht auch das Mißverständniß, das ihm bei dem kaiserlichen Namen Angelus passirt, indem er dem Griechen vorwirft, er nenne sich superbe et arroganter angelum Dei.

Nach alle dem glaube ich, daß die Kritik Tageno für einen Mann von im Ganzen treffender und gesunder Auffassung, für einen Berichterstatter von großer Klarheit und sinnlicher Anschauung und für einen Charakter von großer Wahrheit und Zuverlässigkeit halten muß.

Ansbert.

In der Hauptquelle für die böhmische Geschichte jener Zeit, dem Werk des Vincentius von Prag, resp. dessen Fortsetzer und Vervollständiger Gerlach findet sich eine Erzählung des Kreuzzugs Friedrich's I. aufgenommen. Am Rande des Codex steht die Bemerkung: Ystoria de expeditione Friderici Imperatoris edita a quodam Austriensi Clerico qui eidem interfuit, nomine Ansbertus. Dieser Bericht ist zuerst nach der Wolkauischen Abschrift in den Mon. hist. Boemiae I, 89—129 von Dobner herausgegeben, über welche Ausgabe sich Palacky in seiner Würdigung der alten böhmischen Geschichtschreiber S. 79—89 ausspricht. Gesondert wurde dann der Kreuzzugsbericht des sogenannten Ansbert nach dem später aufgefundenen, ungleich zuverlässigeren, leider stark verstümmelten Strahower Codex mit den Ergänzungen aus der Piterschen revidirten Abschrift von Dobrowsky unter dem oben genannten Titel herausgegeben. Neuerdings ist von den Herren Tauschinsky und Pangerl in den Fontes rer. Austr. SS. V eine Ausgabe jener Schrift besorgt worden, die mit ihrer kritischen Einleitung und der genauesten Textvergleichung die beste Grundlage für die Beurtheilung dieses Berichts giebt.

Was die Person desjenigen angeht, in dessen Werk jene Specialschrift erhalten, so hat sich die Kritik einstimmig dahin erklärt, daß er ein durchaus zuverlässiger und wahrhafter Mann sei; er war Ende des zwölften und Anfang des dreizehnten Jahrhunderts Abt des Klosters Mühlhausen und hat den Bericht eines östreichischen Klerikers über Friedrich's I. Kreuzzug unverändert in sein Geschichtswerk aufgenommen, wie sich denn auch nirgends in dieser Kreuzzugsgeschichte Spuren einer Ueberarbeitung zeigen, die etwa dem Stile nach von Gerlach herrühren könnte. Ueber die Person des Verfassers der Kreuzzugsgeschichte haben wir keine andere Notiz als die oben angegebene, die sich am Rande der Schrift findet. Diese Randbemerkung rührt aber nach den Herausgebern von Gerlach her, außer, wie die Herausgeber in Font. rer. Austr. meinen, den beiden letzten Worten nomine Ansbertus, welcher Zusatz von einer Hand aus der ersten Hälfte des 14. Jahrhunderts gemacht sei. Das beigefügte Facsimile unterstützt diese Behauptung. Etwas Weiteres also als das, daß der Verfasser dem Kreuzzug beigewohnt habe und ein österreichischer Geistlicher gewesen sei, ist uns glaubwürdig nicht überliefert; die Notiz über seinen Namen kann nach ihrer Glaubwürdigkeit nicht einmal geprüft werden, die Wahrscheinlichkeit ist nicht für sie. Die Herausgeber glaubten weiter die auffallende Thatsache constatiren zu können, daß eine Vergleichung zwischen dieser Schrift und der zweiten Fortsetzung der Zwettler Chronik[14] in den Bemerkungen zu den Jahren 1187, 88 und 89 eine bemerkbare Uebereinstimmung ergebe. „Diese ist, sagen die Herausgeber, keine zufällige, sondern es hat dieselbe ihren guten Grund, und zwar besteht derselbe wohl darin, daß der Chronist von Zwettl und der Umarbeiter Tageno's eine und dieselbe Person gewesen sind. Nachforschungen, die wir an Ort und Stelle vorgenommen haben, um mehr Gründe für diese Behauptung herbeizuschaffen, haben zu keinem entscheidenden Resultate geführt." Soweit ich mir eine Einsicht in diese Chronik habe verschaffen können, konnte ich nirgends „eine Uebereinstimmung" wahrnehmen, wenigstens gewiß nicht bei den angeführten Stellen[15].

„Der Inhalt der Ansbert'schen Schrift besteht aus zwei in Stoff, Umfang und Form von einander abweichenden Theilen. Nur dem ersten dieser zwei Theile, welcher eine Geschichte des Kreuzzugs Friedrich's I. ist, entspricht die von Gerlach dem ganzen Werke gegebene Ueberschrift." Nach dem Zweck vorliegender Schrift werde ich nur auf diesen ersten Theil, der über den Kreuzzug handelt, Rücksicht nehmen; und wenn die Rede ist von Ansbert's erstem oder zweitem Theil, bezieht sich die letzte Bezeichnung immer auf den mit Tageno gemeinsamen Bericht.

Orientiren wir uns nun zunächst über die schriftstellerische Absicht des Verfassers und den Gang, den er in seiner Schrift nimmt. Nach-

---

[14] M. G. SS. XIII 548.
[15] Bei Riezler S. 105 finde ich dies bestätigt und genauer nachgewiesen.

dem er einleitungsweise den Verlust des heiligen Landes beklagt hat, sagt er S. 2 — ich citire nach Dobrowsky's Ausgabe — daß er schildern wolle, wie es gekommen sei, daß jene beklagenswerthen Verluste eingetreten wären, eine Geschichte könne er nicht schreiben, sondern eine Tragödie. Darnach kann der Verfasser von Anfang an nicht daran gedacht haben, eine Geschichte des Kreuzzugs zu schreiben; was ihn von diesem Vorhaben abgebracht und zu einer Bearbeitung des Kreuzzugs veranlaßt hat, läßt sich bei der großen Anzahl von Möglichkeiten nicht mehr bestimmen. Bei seiner Erzählung wolle er, fährt er dann fort, nur wahrheitsgetreuen Berichten von Augenzeugen folgen. Nachdem er mehrere Briefe aufgenommen und den Entschluß des Kaisers erzählt hat, folgen die Schreiben Gregor's und des Cardinals Heinrich, der kurze Bericht über den Mainzer Reichstag, die Gesandtschaften des byzantinischen Kaisers und des Sultans von Iconium. Er gibt dann ein Verzeichniß der hervorragendsten Theilnehmer des Kreuzzugs, die angekündigte Marsch- und Lagerordnung fehlt auffallenderweise, eine Thatsache, die Dobrowsky dadurch zu erklären sucht, daß er sie von Gerlach unterdrückt sein läßt. Der Verfasser führt dann die Erzählung weiter mit viel charakteristischem und werthvollem Detail, zeigt sich im Ganzen gut unterrichtet und hat meistens vollkommene Einsicht in die Verhältnisse, so daß ihm meist auch die Motive klar sind, soweit dies sein geistlicher Standpunkt zuläßt; es folgt dann der Brief des Kaisers an seinen Sohn, der dem Inhalt und der Form nach von dem Erzähler stark benutzt ist. — In diesem ganzen Verlauf der Erzählung zeigt er sich wohlunterrichtet, verräth auch nicht gewöhnliche Bildung und Belesenheit. Freilich wird dem Leser durch die Erzählung von dem vergifteten Wein und manchem anderen vermeintlichen Wunder wieder ins Gedächtniß zurückgerufen, wie Zeitalter und Stand, auch seine Theilnahme am Kreuzzug und der Haß gegen die Griechen einen sonst freieren Geist einnimmt und sein Urtheil einschränkt.

Der Berichterstatter gibt dann den Vertrag, der mit dem griechischen Kaiser geschlossen wurde, wörtlich wieder. Von Seite 83 beginnen dann die Anklänge an Tageno so deutlich zu werden, daß man von dieser Stelle einen gewissen Zusammenhang zwischen beiden Berichten annehmen muß, bis von S. 93 an, von den Worten Ibidem Melech, also vom 16. Mai die Uebereinstimmung eine fast durchaus wörtliche zwischen beiden wird bis zum Lagern bei'Seleucia. Die Berichte über den Tod des Kaisers weichen dann wieder von einander ab.

Ehe ich dazu übergehe, die Erklärungsversuche, die bereits gemacht worden sind, zu besprechen, scheint es angemessen den Thatbestand zu klären und zunächst eine hypothesenlose Grundlage für die weitere Beleuchtung zu schaffen. Eine solche vermag aber nur ein Vergleich beider Theile vor allem in stilistischer Beziehung zu gewähren; das sprachliche Element muß schon um deswillen in erster Linie stehen, weil hier am wenigsten subjective Anschauung auf die Kritik Einfluß haben kann. Wenden wir uns also demnach zunächst zu einer stilistischen Charakteristik Ansbert's.

Was seine Bezeichnung des Kaisers angeht, so zeigt sich eine gewisse Mannigfaltigkeit, mehrfach bezeichnet er ihn als domnus Imperator, zuweilen, ich glaube dreimal, als piissimus, als sapientissimus, als victoriosissimus Seite 21, 51, 71, als gloriosissimus S. 28, 66, 70, 79; einmal wohl auch als invictus, vorwiegend jedoch als serenissimus z. B. S. 6, 31, 49, 53, 61, 67, 70, 75, 82 und mehr. Aehnlich verhält es sich mit den epithetis zu crux. Am seltensten, meines Wissens zweimal, gebraucht er sanctifica, desgleichen vivifica S. 40 und 60, bei weitem am meisten sancta: S. 26, 49, 54, 57, 67, 69 zweimal, 70, 77, 79 zweimal, 82, 83. Nicht anders ist es mit der Bezeichnung des Hellespont; z. B. S. 34 heißt er mare Ellespontum, quod brachium S. Georgii vulgo dicitur, S. 51 ohne Ellespontum, S. 52 heißt er Hellespont; eine constante Bezeichnung hat er auch hier nicht. Eine ähnliche Abwechselung zeigt sich z. B. bei der immer wiederkehrenden Proviantfrage, S. 20 hat er optimi fori apparatus, S. 31, 35, 82 und sonst mercatum, auch bonum forum, zweimal concambium. Stellen wir schon hier einen Vergleich in dieser Richtung an mit der Diction Tageno's, so stellt sich für Ansbert eine größere stilistische Gewandtheit heraus; während, wie schon oben bemerkt, Tageno's Ausdrucksweise in den berührten Punkten constant, fast formelhaft ist. So hat, wie bereits erwähnt, Tageno durchschnittlich domnus Imperator oder Imperator einfach, gar nicht serenissimus. Die Bezeichnung Hellespont kennt er nicht, sondern nur brachium, selten mit dem Zusatze S. Georgii;

sein stehendes epitheton zu crux ist vivifica. Eine Reihe von Ansbert'schen Ausdrücken findet sich bei Tageno gar nicht. So das häufige inibi, die Construction mit quippe qui; die häufig bei Ansbert vorkommenden latrunculi bezeichnet Tageno immer anders; der Ausdruck ambages kehrt in dem Ansbert'schen Bericht über die Verhandlungen mit den Griechen immer wieder, Tageno kennt ihn nicht; eigenthümlich ist ihm das Substantiv adjutorium (z. B. S. 4, 31, 60, 77), auch das cernere erat; die Construction mit quod, die Tageno so liebt, findet sich bei Ansbert verhältnißmäßig sehr selten. Einige charakteristische Ausdrucksweisen Ansbert's mögen hier noch erwähnt werden. Vor allem liebt er kurze Sentenzen, sprichwörtlich eingefügt, allerdings nicht immer passend, die meist biblischer Herkunft sind: z. B. exitus acta probat; qui ambulat simpliciter, ambulat confidenter; das ustus timet uri ist vielleicht kaiserlicher Abkunft, wenigstens ist es in seinem Brief und darnach von Ansbert gebraucht. Auch das crescit amor nummi quantum ipsa pecunia crescit hat er; S. 78 ex necessitate faciens virtutem. Das drastische Bibelwort vultus non erat sicut heri et nudius tertius fehlt auch nicht; frustra jacitur rete ante oculos pennatorum; von dem unterhandelnden Alexius sagt er S. 35: corde et corde locutus est et mentitus est. —

Schon aus diesen wenigen Beispielen wird erkennbar sein, daß Ansbert für seine Zeit stilistisch gut gebildet erscheint, jedenfalls zeigt er sich, wie dies Büdinger schon hervorgehoben hat, Tageno darin entschieden überlegen. Diese Eigenschaft ist bei ihm vereint mit klarer, gesunder Anschauung, und beides tritt nicht selten in drastischen Aeußerungen zu Tage, die einen werthvollen Beitrag zur Erkenntniß seiner Persönlichkeit geben. —

Wie aus der eben gegebenen kurzen Uebersicht des Buches erinnerlich sein wird, hat dieser Berichterstatter es sich angelegen sein lassen, sich Briefe und Urkunden zu verschaffen, die für die Kenntniß des Zuges von Werth sind. Daß aus irgend welchem Grund die Marsch- und Lagerordnung fehlt, ist zu beklagen; ich kann nicht glauben, daß bei der so gerühmten Gewissenhaftigkeit Gerlach's dieser der Urheber ihres Fehlens sei; diese Thatsache findet wohl eine sachgemäße Erklärung durch die Art, wie das ganze Werk zu Stande gekommen ist, wovon später die Rede sein wird. Von besonderer Wichtigkeit ist der

Vertrag mit den Griechen, den er uns aufbewahrt hat, und schon
daraus läßt sich nicht nur das höhere Interesse des Verfassers er=
kennen, sondern es läßt sich auch weiter annehmen, daß ihn gute Ver=
bindungen in den Stand gesetzt haben, dergleichen Instrumente mit=
zutheilen. Es läßt sich nirgends ein gewisser politischer Zug in dem
strebsamen Kleriker verkennen; er erhebt sich hoch über den Horizont
anderer Berichte. Wie man ihm eine gewisse politische Bildung, die
allerdings durch Zeit und Stand gedrückt wird, nicht absprechen kann,
ragt er auch sonst über das Niveau der niederen Geistlichen; auch klassische
Reminiscenzen sind unverkennbar. Büdinger hat schon mehrere Bei=
spiele gegeben, aus denen hinreichend hervorgeht, daß sein Blick sich
nicht auf seine nächsten Umgebungen richtet, daß er nicht wie Tageno
sich auf kurze Todesnachrichten seiner Bekannten beschränkt. Für die
Richtigkeit seiner Anschauung und das Streben, jedes an seinem Ort
zu berichten, spricht unter andern ganz besonders sein Bericht über die
Vorgänge um Philadelphia; eine Thatsache, auf die bereits durch
Büdinger hingewiesen worden ist.

Ich glaube hinreichende Anhaltspunkte beigebracht zu haben, um
die Meinung zu stützen, daß zwischen Tageno und diesem Berichterstatter
in stilistischer Beziehung sowohl als auch in der Anschauung, im
geistigen Vermögen, in dem was beide sich vorgesteckt haben, ein unver=
kennbarer, wesentlicher Unterschied besteht, dessen Existenz für die Be=
urtheilung des gemeinsamen letzten Theils und damit für das Ganze
den Ausschlag geben muß.

Wenden wir uns nun zu den Erklärungen, die Neuere gegeben
haben, um ein Licht über dieses eigenthümliche Verhältniß zu verbreiten.

Es handelt sich da zunächst um die Erklärung der Stellen, die
von Seite 83 bis 93 gemeinsame Anklänge darbieten. Büdinger gibt
hier zu, daß das von jenen Stellen allein beigebrachte Detail in den
Bericht des Tageno eingeschoben sei, daß also Ansbert von dieser Stelle
an Tageno's Bericht vorgelegen, den er seinerseits vervollständigt habe.
Den Umstand, daß die Berichte beider dann vom 16. Mai voll=
ständig gleich sind bis auf geringe Abweichungen, weiß sich Büdinger
a. a. O. S. 383 nur dadurch zu erklären, daß er annimmt, es habe
seit dem Uebergang nach Klein=Asien zwischen beiden Berichterstattern
eine Communication stattgefunden, vom 16. Mai ab sei Ansbert aber

die ursprüngliche Quelle. Er scheint allerdings zwischen zwei Wahrscheinlichkeiten die größere gewählt zu haben, indem er mit Recht geltend macht, es sei doch kaum anzunehmen, daß der stilistisch gewandtere Ansbert geschwiegen und die Fortsetzung dem Tageno überlassen habe. Rufen wir uns aber den Thatbestand ins Gedächtniß zurück, so wird sich das Urtheil anders stellen müssen.

Bei der Fixirung des eigenthümlichen Sprachgebrauchs, bei der Beurtheilung des Stils eines Schriftstellers wird die schnellste und klarste Entscheidung herbeigeführt, wenn man sich vor allem die Bezeichnungen ansieht, die für immer Wiederkehrendes gebraucht werden. Wie oben bemerkt, variirt Ansbert in den Bezeichnungen des Kaisers ziemlich stark und gebraucht mit Vorliebe serenissimus. Tageno kennt diesen Ausdruck, wie gesagt, nicht, sowie er denn auch im zweiten gemeinsamen Theil nicht vorkommt. Von seinem constanten dommus oder Imperator weicht er im zweiten Theil, der beiden gemeinsam ist, nur zweimal ab, nämlich Chron. Reichersb. a. a. O. S. 514 Z. 53, wo er den Kaiser gloriosissimus et invictissimus nennt und S. 515 Z. 60, wo er piissimus heißt. An beiden Stellen ist die Abweichung zu deutlich durch den Zusammenhang motivirt; jene Ausdrücke in der ersten Stelle gebraucht er im Augenblick höchster Erregtheit, wie er seinen Herrn in seiner ganzen Kaiserherrlichkeit dem Türken gegenüber sieht; an der zweiten Stelle ist piissimus gebraucht, weil er dort von der wahrhaft väterlichen Gesinnung des Kaisers gegen die Pilger spricht. Das epitheton zu crux ist im ersten wie im zweiten Theil constant bei Tageno vivifica. Aehnlich verhält es sich mit den übrigen Spracheigenthümlichkeiten der beiden Verfasser, die ich nicht alle nochmals in extenso vorbringen darf, um nicht allzu sehr zu ermüden. Wie sollte es denn kommen, daß Ansbert im zweiten Theil die in seinem ersten Theil so seltene Construction mit quod, statt des acc. cum. inf., ut oder quin, fast in jedem Satz oft genug mehrmals, ut dagegen sehr eingeschränkt und quin nie gebraucht? Vergleiche man ferner Tageno's Sätze in beiden Theilen mit denen Ansbert's. Jener liebt durchweg mit geringen Ausnahmen sehr einfach gegliederte Sätze, während dieser bei weitem längere, zuweilen so durch Participial- und Nebensätze ausgedehnte Perioden hat, daß nicht selten die angestrengteste Aufmerksamkeit von

Seiten des Lesers nothwendig wird. Es ist zuzugeben, daß Tageno's Bericht vom 16. bis 19. Mai bei weitem reichlicher fließt als vor- und nachher, daß er längere Sätze bildet, überhaupt ein erhöhtes Interesse und eine gewisse Erregtheit zeigt; aber das findet, wie ich glaube, seine vollständige Erklärung aus den Verhältnissen. Nach langen Leiden, von neuem gekräftigt, gehen sie dem Ziele entgegen, zum erstenmal soll sich der gewaltige, kriegskundige Kaiser mit dem ungläubigen Feinde messen: soll sich da nicht dem ehrlichen Dekan für solche Zeit Gemüth und Blick erweitern und auch seine schriftstellerische Hand heben? Und nichts deutet in diesen Stellen auf fremden Stil, auf fremde Anschauung hin. —

Ich würde mehr beweisen wollen, als nothwendig ist, wollte ich leugnen, daß sich bei beiden von Anfang bis zu Ende stilistische Anklänge fänden, z. B. in ore gladii, bellica manu, ea quae pacis sunt und wohl noch eins und das andere. Man wird mich der Mühe überheben, diese eventuellen Beweismittel gegen Tageno's Eigenthumsrecht am letzten Theil zu entkräften, oder auch in materieller Beziehung diesen Beweisgang zu wiederholen; ich beschränke mich hier um so lieber auf die bereits gemachten Andeutungen, als gerade in dieser Beziehung die subjective Anschauung zu sehr den Werth der vermeintlichen Argumente beeinträchtigt. Soviel aber glaube ich unwiderleglich bewiesen zu haben, daß wegen der sprachlichen Verschiedenheiten beider Theile, der zweite gemeinsame Theil nicht von Ansbert herrühren kann, daß also Büdinger's Hypothese, so plausibel sie auch sein mag, den Thatsachen widerspricht und demnach abzuweisen ist.

Die vergleichende Kritik, die Büdinger a. a. O. S. 379 f. über die Recensionen des gemeinsamen Theils bei Ansbert und Tageno anstellt, ist nicht ohne Interesse, aber es kann wenig mehr dabei herauskommen, als Beiträge zu liefern zur Kunde der mannigfaltigsten Versehen der Abschreiber und mönchischer und anderer mehr oder minder geschickt gemachter Interpolationen. Diese Abweichungen lassen sich nicht uniformiren, nicht auf eine Veranlassung zurückführen, nicht unter einen Gesichtspunkt bringen; sie sind nichts als die Symptome einer Krankheit, die ungeschickte und unberufene Hände hervorgerufen und befördert haben; ich unterlasse ein weiteres Eingehen darauf, weil es zur Entscheidung der Hauptfrage nichts beitragen kann. —

Während Büdinger auf jenem Wege dazu gelangte, Ansbert zum Hauptberichterstatter zu Ungunsten Tageno's zu machen, kamen die mehrfach genannten Herausgeber des Ansbert in den Fontes rer. Austr. SS. V. zum entgegengesetzten Resultate. Diese nämlich sagen a. a. O. S. XXIII „Um diese Uebereinstimmung erklärlich zu finden, bleibt uns nichts Anderes übrig, als anzunehmen, es habe, wie dem Reichersberger Chronisten, ebenso auch dem Verfasser des vorliegenden Werks der vollständige Originalbericht oder das vollständige Tagebuch des Tageno vorgelegen und es habe derselbe bei Abfassung seiner Schrift dieses Tagebuch zu Grunde gelegt. Nach der Rückkehr von dem Kreuzzug, von welchem er, wie auch schon Herr Büdinger vermuthet, die Aufzeichnungen des Tageno mit in die Heimath gebracht haben mochte, begab er sich an eine Umarbeitung desselben, bereicherte aber dabei sein Werk mit wesentlichen Zusätzen, wie z. B. mit auf den Kreuzzug bezüglichen Urkunden, ferner mit den eigenen auf dem Zuge nach dem heiligen Lande gemachten Erfahrungen und Beobachtungen. Das auf diese Weise umgearbeitete und durch ansehnliche Zusätze erweiterte Tageno'sche Tagebuch ist es nun, das uns in dem Strahower Codex — ob als Original oder nur als Abschrift wagen wir nicht zu entscheiden — als „Historia de expeditione" etc. erhalten ist." Soweit die Erklärung der Herren Editoren, die ohne Zweifel weniger den Thatsachen widerspricht, als die Büdinger's. — Zunächst setzen die Herausgeber etwas als erwiesen voraus, wogegen sie nur „Vermuthungen" und „gelinde Zweifel" ausgesprochen haben, nämlich die Unzuverlässigkeit des Presbyter Magnus in der Reichersberger Chronik. Diese unerwiesene und mit dem bis jetzt vorliegenden Material unerweisbare Annahme bildet die nothwendige Grundlage ihrer ganzen Hypothese. Ich habe des weiteren bereits oben auf das Mißliche eines solchen Verfahrens aufmerksam gemacht und schon deshalb kann ich mich nicht zu ihrer Hypothese bekennen. Aber sie leidet auch an Unwahrscheinlichkeiten und setzt zu viel Willkürlichkeiten der Bearbeiter voraus. Zwei Schriftsteller also wollen die Kreuzzugsgeschichte schreiben, sie benutzen dafür eine gemeinsame Quelle, in diesem Falle das Tagebuch des Tageno. Das Resultat wäre nun doch das, daß der eine, Ansbert, den ersten Theil ganz umarbeitet und durch Zusätze erweitert, der andere, der Reichersberger Chronist, ihn so verkürzt, daß beide nicht die allergeringste Spur von Aehnlichkeit in Stil und Anschauung oder schriftstellerischem Charakter überhaupt zeigen. Wie die Herren Herausgeber freilich darauf kommen, „gleich dort einige Aehnlichkeit zwischen beiden zu finden, wo es heißt, daß bei Nissa eine Begegnung zwischen dem Kaiser und dem Großgrafen von Serbien stattfand", ist unbegreiflich, zumal wenn sie gleich darauf zugeben, „die Aehnlichkeit ist aber nicht groß und beschränkt sich blos darauf, daß hier wie dort über dasselbe Factum referirt wird." Man wird das doch nicht als Beweis einer gemeinsamen Quelle anführen können, wenn zwei Schriftsteller, die über denselben Gegenstand berichten, dieselbe Thatsache an irgend einem Orte in ganz verschiedener Behandlung und Ausdehnung mit ganz andern Worten erwähnen. —

Bis zu S. 83 dauert dies Verhältniß fort, erst von da bis S. 93 beginnen dann unzweifelhafte wörtliche Anklänge, so daß manchmal ganze Nebensätze gemeinsam sind, und von S. 93 an stimmen sie dann wörtlich überein. Betrachtet man diese Thatsachen, so möchte es schwerlich eine Antwort auf die Fragen geben: Warum haben beide, da sie doch eine gemeinsame Quelle haben, die der eine dazu blos abgeschrieben haben will, in dem bei weitem größten Theile ihres Werks gar keine Anklänge, weichen im Gegentheil in Stil, Anschauung, Ausdehnung vollständig von einander ab? Warum zeigt sich dann plötzlich eine Anzahl von wörtlichen Uebereinstimmungen, warum endlich beschränken sich beide zum Schluß blos auf ihre Quelle, der eine, indem er keine Zusätze mehr macht, der andere, indem er keine Abkürzungen mehr eintreten läßt?

Auch dieser Erklärungsversuch ist demnach als gescheitert zu betrachten.

Vor allem ist, wie sich aus dem schon oben Beigebrachten ergibt, das als Thatsache hinzunehmen, daß der ächte Tageno mit im Ganzen unwesentlichen Varianten in der Reichersb. Chron. vorliegt, und daß sein Eigenthum ohne Zweifel der Bericht bis zum Lager bei Seleucia ist.

Daß diese Thatsache eine für die Erklärung höchst unbequeme ist, zeigen die oben besprochenen Versuche, die sie beide nicht anerkennen wollen. Wie die Sache liegt, bleibt nichts Anderes übrig, als anzuerkennen, daß Ansbert in dem Theile seines Berichtes, der die Schicksale der Kreuzfahrer bis zum Hellespont erzählt, Tageno's Bericht nicht vorgelegen, sondern daß er bis dahin nach seinen eigenen Notizen gearbeitet habe, wenn man nicht die neue Hypothese hinzufügen will, daß ihm fremde, uns jetzt unbekannte Aufzeichnungen dazu zu Gebot gestanden hätten. Von den Märschen in Klein=Asien an kennt er Tageno's Bericht und benutzt ihn, bis er schließlich nur Tageno's Bericht gibt.

Zur Erklärung dieser zum Theil auffallenden Thatsachen können eine Reihe von Möglichkeiten dienen, die, da ihre größere oder geringere Wahrscheinlichkeit von subjectiver Anschauung abhängt, mehr oder weniger plausibel erscheinen. Ich will mich bemühen, das Wahrscheinlichste hervorzuheben.

Die Thatsache, daß dem Verfasser der historia de expeditione Tageno's Bericht erst vom Verlassen der Winterquartiere, resp. von Klein=Asien an bekannt war und vorgelegen hat, mag in der Briefform des ersten Theils Tageno's ihre Erklärung finden, resp. darin, daß dieser Theil seiner Notizen bereits an seinen Bestimmungsort abgegangen war, als beide sich kennen lernten.

Daß Ansbert Beziehungen zu Tageno gehabt habe, geht schon daraus hervor, daß er unter den vielen Opfern des Zugs den Tod Tageno's und seiner Gefährten S. 106 erwähnt. Wie aber soll sich die weitere Thatsache erklären, daß der stilistisch gewandtere, der an Geist und Bildung unzweifelhaft bedeutendere Ansbert vom 16. Mai ab verstummt? Zunächst muß es als feststehend angenommen werden, daß, da er nach Gerlach's Zeugniß dem Kreuzzuge beiwohnte, er nach seiner ganzen Anlage und dem Interesse, das er zeigt, schon während des Zugs sich kleine Aufzeichnungen gemacht, von allen Seiten Detail gesammelt, wichtige Urkunden zusammengebracht hat, dann aber nach seiner Rückkehr, vielleicht zum Theil schon vorher eine Bearbeitung des vorliegenden Materials begonnen hat. Denn daß die historia de expeditione, wie sie vorliegt, nicht als das Tagebuch Ansbert's anzusehen ist, ist, wie ich glaube, unumstößlich zu beweisen. Auch die Herausgeber derselben in den Fontes sind der Meinung, und haben gelegentlich einen Beweis dafür gegeben S. XVIII, wo sie sagen: „Von mehreren Beispielen, die sich in dieser Hinsicht anführen ließen, wollen wir hier nur eines besonders hervorheben. Der Verfasser sagt S.17—18, ungefähr zum 28. Mai (1189), daß der Erzbischof von Tarantaise und die Bürger von Metz nebst dem Bischof von Tull sich nach Verlauf von fast sechs Wochen ebenfalls mit dem Kreuzheer vereinigt hätten. Diese Vereinigung erfolgte nun wirklich an oder nach dem 2. Juli (vergl. S. 20)". Weiter spricht dafür die Stelle S. 37: Quinta postmodum acies apud Philippolim instituta est peditum et fortiorum e pueris exercitus. Den schlagendsten Beweis gibt aber der Vergleich, den man zwischen dem Brief des Kaisers an seinen Sohn und Ansberts Erzählung anstellen kann. Folgende Stellen werden unzweifelhaft darthun, daß Ansbert bei Abfassung seines Werks schon den kaiserlichen Brief, der Mitte November 1189 geschrieben ist, gekannt haben und darnach gearbeitet haben muß.

Ansbert S. 37:

Sicut ab imperatore Graecorum Isaakio procuratum dinoscitur et in rapinis rerum et occisione pabulariorum non modicum sustinuimus detrimentum.

Der Brief S. 42:

In rapinis rerum et occisione nostrorum non modicum damnum sustinuimus, sicut ab ipso Imperatore dinoscitur procuratum.

Ansbert S. 37.

Nam iterum quidam latrunculi sagittarii secus stratam publicam in condensis veprium latitantes ex improviso sagittis toxicatis plerosque ex nostris inermes et minus caute incedentes affligere non cesserunt donec maturiori consilio balistariis et militibus vallati et sic flagrante maleficio deprehensi condignas meritis poenas suspendiis exsolverunt.

Brief S. 42 und 43.

Nam quidam latrunculi sagittarii penes publicam stratam in veprium condensis latitantes ex improviso sagittis toxicatis plerosque nostros inermes et minus caute ambulantes affligere non cesserunt donec consilio maturiori a balistariis et militibus nostris undique vallati atque flagrante maleficio deprehensi condignas mortis poenas exsolverunt.

Ansbert S. 38 unten.

Nichilominus residui malefactores ex latere per devexa

Brief S. 43 oben.

Nichilominus tamen residui malefactores a latere per di-

montium nos per totum Bulgariae nemus prosequentes nocturnis rapinis molestaverunt, quamvis innumeris tormentorum generibus ab exercitu nostro miserabiliter sint afflicti.	versa montium per totum Bulgariae nemus nos persequentes nocturnis rapinis molestaverunt, quamvis innumerabiles variis tormentorum generibus ab exercitu nostro vicissim miserabiliter sint cruciati.

Nach diesen Beweisstellen, denen sich noch andere hinzufügen ließen, wird es Niemandem mehr zweifelhaft sein, daß eine Ueberarbeitung des Berichts entweder von Ansbert selbst oder, was mir aber durchaus unwahrscheinlich ist, von einem Andern[16] vorliegt; wenn auch der Excurs über die griechische Kirche S. 85 auf Bübinger ganz den Eindruck einer Tagebuchsnotiz macht. Die Zeit der Ueberarbeitung wird wohl gegen 1191 zu setzen sein, denn Ansbert weiß noch nichts davon, daß die Könige von Frankreich und England ihren Zug ausgeführt haben. Der größte Stein des Anstoßes ist noch immer die auffallende Thatsache, daß sich Ansbert zum Schluß begnügt hat, Tageno's Bericht im Ganzen unverändert an den seinigen zu reihen. Das Nächstliegende ist jedenfalls, daß er einstweilen von Tageno's Tagebuch eine Abschrift genommen, während er vielleicht am Sterbebette Tageno's beauftragt das Original an die Mönche nach Reichersberg schickte, und mit seiner Bearbeitung nicht zu Ende gekommen ist, verhindert durch irgend welche Umstände, seien es Krankheit oder Tod oder anderweitige literarische Beschäftigung, zu der er aufgefordert war. Wo aber, darf man dann weiter fragen, sind dann die Notizen geblieben, die er sich selbst gemacht hat? Eine Reihe von Möglichkeiten kann hier gedacht werden. Vielleicht lagen ihm für diese Zeit gar keine Notizen von sich selbst mehr vor, indem er durch seine Bekanntschaft mit Tageno, die vielleicht durch Friedrich v. Perg vermittelt war, von dessen Absicht unterrichtet war und so die weiteren Aufzeichnungen gesichert sah, während er selbst daran ging, das massenhafte Detail zu sammeln, das er für seinen Zweck brauchte. Ein persönlicher Einfluß auf Tageno's Thätigkeit ist dabei seinerseits durch-

---

[16] Riezler S. 96 oben.

aus denkbar und erklärt vielleicht den augenscheinlichen Aufschwung, den Tageno's Bericht eine Zeit lang nimmt. Erscheint dies plausibel, so erheben sich gar keine Schwierigkeiten mehr für den letzten gemeinsamen Theil. Von andern Möglichkeiten will ich absehen und die Auffindung und Billigung derselben subjectivem Gutdünken anheimstellen.

Das Resultat der Untersuchung wird also das sein, daß uns im sogenannten Ansbert die Bearbeitung eines Augenzeugen vorliegt, zu der er neben eigenen Notizen und Erfahrungen officielle Urkunden, Briefe und Tageno's Aufzeichnungen benutzt hat [17]. —

---

[17] Ich freue mich zum Schluß constatiren zu können, daß ich mich in den wesentlichsten Punkten über das Verhältniß der beiden Berichterstatter mit dem neuesten Bearbeiter Riezler in Uebereinstimmung befinde. Einzelne abweichende Behauptungen, die bei der kurzen Darstellung des genannten Verfassers meist ohne weiteren Beweis aufgestellt sind, will ich nicht weiter beleuchten, nur scheint er mir mit Ansbert's Person nicht sehr glimpflich umgegangen zu sein. Er wirft ihm vor, „daß er der tieferen politischen Einsicht entbehrt, daß er also wahrscheinlich nie staatsmännisch beschäftigt gewesen ist". Dies zugegeben, so enthält das letzte „daß" nur die Begründung des ersten, und das Ganze nur einen neuen Beweis dafür, daß er „ein Mitglied der niederen Geistlichkeit" gewesen ist. Keins von allen dreien ist ihm aber anzurechnen, denn der Nexus jener Thatsachen spielt bekanntlich auch heute noch seine Rolle. Wenn es objectiv also richtig wäre, daß seine politische Einsicht viel zu wünschen übrig ließe, was ich übrigens nicht ganz zugeben kann, so würde doch ein Vergleich mit den übrigen Berichterstattern sehr zu seinen Gunsten ausfallen, gerade in dieser Beziehung; es wird wenig Berichterstatter seines Standes im Mittelalter geben, die so allen chronistischen Plunder und Anekdotenkram bei Seite gelegt und sich befleißigt haben, durch Beschaffung von umfassendem Detail und authentischen Urkunden und durch pragmatische Darstellung etwas der Sache Würdiges zu leisten. Daß es ihm nicht gelungen wäre, die „weltlichen Motive zu genügender Geltung neben den religiösen" kommen zu lassen, ist für einen mittelalterlichen Schriftsteller seines Standes einem solchen Gegenstand gegenüber wohl nicht als Vorwurf anzusehen; es erscheint mir als ein allzuhartes Urtheil, Ansbert nachzusagen: ein „schönfärbendes Bestreben, die Bewegung noch geistlicher und heiliger hinzustellen, als sie war." Ich habe im Gegentheil ihm an sehr vielen Stellen meine Bewunderung nicht versagen können dafür, daß er sich meist von blindem Eifer fern hält. Es müßte doch auch nachgewiesen werden, daß er die Beschränkung der Theilnehmer auf die Vermögenden wissentlich verschwiegen hat, jedenfalls scheint die Folgerung daraus gewagt. Den Wunderglauben, den ihm Riezler so übel nimmt, hat er mit allen Andern gemein, auch mit dem „nüchternen und wahrheitsliebenden Berichterstatter" in der ep. de morte Frid. Das sind Zeichen und Zeugen von Zeit und Stand, die eine milde Beurtheilung verdienen.

Was das lateinische Gedicht über die Belagerung Akkons, nach Riant's Untersuchungen wohl von Amerigo Monaco aus Florenz verfaßt, angeht, so verweise ich lediglich auf Riezler S. 106 ff.

Die Berichte der Augenzeugen sind damit erschöpft, und wir wenden uns demgemäß zu den Aufzeichnungen und Erzählungen der Zeitgenossen, und zwar zunächst zu dem Werk, welches bis auf die neueste Zeit die Grundlage aller Geschichten dieses Kreuzzugs gewesen ist, es ist dies die Historia peregrinorum, von Canisius als expeditio Asiatica Friderici I imp. Barbarossae in der Ausgabe von Basnage 1725 Bd. III. S. 499—526 herausgegeben.

Der Verfasser der Schrift hat sich nicht genannt und wird sich vorläufig auch nicht erkennen lassen. Die Thatsachen, daß er mit Vorliebe des Herzogs von Schwaben und des Bischofs von Würzburg gedenkt, sowie daß die einzige Abschrift seines Werkes in dem schwäbischen Kloster Salmansweiler gefunden worden ist, werfen doch kaum ein Licht auf seine Person[18].

Was über ihn und sein Werk zu sagen ist, haben bereits Büdinger a. a. O. S. 383 ff. und die Editoren des Ansbert in den Fontes a. a. O. S. XXIII beigebracht. Das Resultat jener Untersuchungen scheint so unzweifelhaft richtig, daß man mir wohl den einfachen Hinweis auf jene gestatten wird.

Nur Weniges hätte ich hinzuzufügen.

Büdinger hat bereits mit Recht constatirt, und dies hat durch die Editoren des Ansbert seine Bestätigung und Erweiterung gefunden, daß diese historia peregrinorum eines Anonymus von dem Abmarsch aus Regensburg an auf Ansbert beruht.

Wenn er auch im Ganzen dieselbe Reihenfolge einhält wie Ansbert, so hat er doch die merkwürdige Liebhaberei, willkürliche Umstellungen vorzunehmen. „Zugleich liebt er es, in seiner Darstellung viele und weitläufige Reden, die Ansbert entweder viel kürzer oder gar nicht bringt, einzuflechten und sie mit Reflexionen, Versen und mannigfaltigem rednerischen Zierath auszuschmücken[19]." Zu Anfang des Werks

---

[18] Riezler S. 98: Dies sind schwache Anhaltspunkte, ihn in Schwaben zu suchen.

[19] Wenn Riezler S. 99 meint, keiner von den Theilnehmern berichtet uns mit solcher Lebhaftigkeit und Anschaulichkeit wie dieser den Ereignissen ferner

ist die Benutzung jedenfalls eine gewissenhaftere als zu Ende, wo „die Darstellung der Pilgergeschichte immer verwaschener und redseliger wird". Einzelne Notizen und Anekdoten sind ihm auch eigenthümlich. Für den Anfang des Werks läßt sich die Grundlage sehr viel schwerer feststellen; nur einen Anhaltspunkt ist es mir in dieser Beziehung aufzufinden gelungen. Das sind die Anklänge an den Codex Estensis der Chronik Sicard's, die sich bei ihm erkennen lassen.

Die erste Aehnlichkeit zwischen beiden kann vielleicht bei der Erzählung von Reinald's Ueberfall und der Plünderung der Caravanen gefunden werden; zweifelhaft erscheint sie mir auch noch bei der Erzählung von der Heirath der Königin und der Person des Guido „Pictaviensis". Deutlicher aber treten die Anklänge in folgenden Stellen hervor:

Historia peregrinorum S. 501 oben.	Codex Estensis Muratori VII. S. 603.
O res mirabilis, o terribile vicinae cladis praesagium. Ea nocte in tentorio Patriarchae, ubi erat Sancta Crux, in matutinali officio casualiter evenit legenda de archa foederis a Philistaeis capta in proelio et deducta.	Audi praesagium vicinae cladis indicativum. Quum ea nocte Heraclio Patriarchae sub tentorio in matutinis lectio legeretur, locus accurrit de Arca Foederis quae olim capta fuit a Philistaeis.

In der Pilgergeschichte folgt nun noch ein allgemeiner Satz und beide beginnen dann wieder mit Mane facto; der Codex Estensis setzt einfach pugnavit und gibt in wenigen Worten das Resultat der Schlacht, während der Verfasser der Pilgergeschichte mit allerhand

---

Stehende, so will ich allenfalls die Lebhaftigkeit zugeben, aber keineswegs die Anschaulichkeit. Der Anonymus ist mit einem guten Theil Phantasie ausgestattet, und da er nach einer Quelle wie Ansbert gearbeitet hat, so finden sich nicht allzuviel Verirrungen. Die Rede des Bischofs von Straßburg ist nach meinem Dafürhalten ebenso rhetorisch wie die andern, und warum „man vermuthen darf, daß er sie selbst gehört hat", kann ich nicht einsehen. Ich kann nur wiederholen, was ich schon gesagt habe, und muß Bübinger vollkommen beipflichten; es hat mich Ueberwindung gekostet, die nicht selten fadenscheinigen Phantasien zu Ende zu bringen.

Ausschmückungen und Specialitäten, die wieder der Anschaulichkeit gänzlich entbehren, in seiner Weise fortfährt. Gleich weiter unten heißt es dann:

Hist. peregr. S. 501 al. 4.	Cod. Estens. a. a. O. S. 603 f.
Interea nutu Dei — contingit Conradum Marchisum de Monte Ferrato peregrinando navigare a Constantinopoli ad sepulcrum Domini adorandum. — Hic cum jam pararet portam navigandi attingere, videns civitatem Achon — a Turcorum agminibus occupatam — in secundo vento navigans apud Tyrum appulit quem cives velut acephali et gubernatoris praesidio destituti gratanter excipiunt, se et civitatem ejus tutelae et moderamini supponentes.	Interea nutu Dei Marchio de Monteferrato Conradus a Constantinopoli Sepulcrum Domini visitaturus advenit et cognoscens Accon ab infidelibus occupatum, secundo vento apud Tyrum applicuit quem cives velut acephali gratanter excipiunt se et civitatem ejus moderamini supponentes.
Historia peregrinorum S. 510 al. 3—4.	Cod. Estens. a. a. O. S. 607 und 608.
Est autem Philippopolis urbs praedita et sublimis metropolis in capite Macedoniae sita.	Est autem haec civitas Metropolis Macedoniae. — Alias nobis innotuit quod non Philippis sed Philippolim adierunt.
Ibi Imperator de captione nunciorum suorum certificatus est, cui quidam Pisanus nomine Jacob, impetrata prius securitate, obtulit literas, hoc modo in ipso salutationis exordio Constantinopolitani Imperatoris fastum et arrogantiam exprimentes.	Ibi certificatus est Imperator de nuntiorum captione suorum, ibique misit literas Imperator Isachius Imperatori, fastu et arrogantia plenas, dicens:

Isaachius a Deo constitus Imperator Sacratissimus, Excellentissimus, Potentissimus, sublimis, moderator Romanorum, Angelus totius orbis heres coronae magni Constantini cet.	Isachius a Deo constitutus Imperator sanctissimus, excellentissimus, potentissimus, sublimis, Romanorum moderator, Augustus, haeres coronae magni Constantini cet.

Vergleicht man diese letzte Stelle mit Ansbert, so zeigt sich an einigen Punkten eine gewisse Aehnlichkeit zwischen Beiden. Von Beibringung weiterer Stellen, die noch unbedeutendere Anklänge bieten, will ich absehen. Sie ergeben vorläufig nur eine gewisse Verwandtschaft; daß der Cod. Estensis derjenige ist, welcher von dem Bearbeiter der Pilgergeschichte zu Grunde gelegt ist neben Ansbert, wird sich allerdings schwer nachweisen lassen. Ich muß später noch einmal darauf zurückkommen. Im Ganzen bleibt es bei den Resultaten, die bereits festgestellt worden sind: die historia peregrinorum ist eine Compilation aus verschiedenen Quellen, zu denen noch mündliche Ueberlieferung, zumal hinsichtlich einzelner Anekdoten, hinzugetreten ist. Die Schrift mag zu Anfang des 13. Jahrhunderts verfaßt sein[20]).

Itinerarium Peregrinorum et gesta regis Richardi, der sogenannte Ganfred Vinsauf.

In die Sammlung der gesta Dei per Francos von Bongars[21]) ist eine historia Hierosolymitana auctoris incerti aufgenommen. Der Herausgeber nennt es ein fragmentum, das er durch Nicolaus Servinus, königlichen Advocaten beim Pariser Parlament, erhalten habe. Die Erzählung umfaßt die Jahre 1177 bis 1190. Dasselbe Werk, aber vollständig, gab dann Thomas Gale in seiner collectio Script. Angl. heraus[22]) als Ganfridi Vinisauf Richardi iter Hierosolymitanum.

Die neueste Ausgabe dieser wichtigen Quelle zum 3. Kreuzzuge

---

[20]) Riezler meint S. 98: er hat wohl noch geschrieben, bevor der Kreuzzug unter Heinrich VI. die Erinnerung an den des Vaters erkalten ließ. Der Grund klingt allerdings nicht gerade unwahrscheinlich, scheint mir aber durch das Verhältniß zu Sicard, von dem später die Rede sein wird, ausgeschlossen.

[21]) I. 150 ff.

[22]) 1687 S. 247—429.

hat ihre Veranlassung in dem Bestreben der englischen Regierung, die historischen Documente der älteren englischen Geschichte nach den besten Handschriften veröffentlichen zu lassen; so ist denn dieser Schriftsteller in den ersten Band der Chronicles and Memorials of the reign of Richard von William Stubbs, London 1864, herausgegeben als Itinerarium Peregrinorum et gesta regis Richardi, auctore ut videtur Ricardo Canonico Sanctae Trinitatis Londoniensis.

Der Schrift selbst geht, wie es dem Zweck dieser Veröffentlichungen entspricht, eine sehr umfangreiche Einleitung des Herausgebers voraus auf 140 Seiten.

Obgleich dieses Werk für Friedrich's Kreuzzug von verhältnißmäßig untergeordneter Bedeutung ist, glaubte ich ihm, besonders der vorliegenden Ausgabe und kritischen Einleitung wegen, doch eine ausgedehntere Besprechung angedeihen lassen zu müssen, da es die Grundlage für die Geschichte des dritten Kreuzzugs bietet, und der Herausgeber das gesammte kritische Material in umfangreichstem Maße gesammelt und gesichtet hat; zugleich hoffe ich durch ein vollständiges Referat das Kennenlernen des Werks zu erleichtern und zu befördern.

Die sehr ausgedehnte Untersuchung über die Autorschaft und die Person des Verfassers leitet der Herausgeber mit einer Stelle ein, die sich bei Johann von Peterborough findet. Nämlich hinter der Nachricht über den Tod Richard's sagt dieser Schriftsteller: Ejus acta scripserunt Milo, abbas de Pyna, eleemosynarius regis, et Anselmus, capellanus regis et comes ubique intus et foris. Unter dem Namen dieser Schriftsteller sei kein Werk erhalten.

Jener Milo nun ist nirgends im Itinerarium erwähnt, wohl aber sagt Ralph von Coggeshale, daß dieser Abt des Klosters St. Maria du Pin in Poitou in sehr naher persönlicher Beziehung zu Richard gestanden, der ihn auch an seinen Hof gezogen und zum Almosenier gemacht habe. Er habe ihn auch auf den Kreuzzug begleitet und bis zu des Königs Tode bei ihm ausgeharrt; auch unter König Johann war er von Einfluß und bei Ausstellung von zwei Schenkungsurkunden thätig. Sonstige Spuren hat Stubbs nicht auffinden können. Der andere von Joh. v. Peterborough erwähnte Kapellan des Königs Anselm ist ebenfalls bei Coggeshale erwähnt; aus seinem Munde habe er die Erzählung von Richard's Abenteuer zu Gazara gehört:

qui haec omnia nobis ut vidit et audivit retulit. Eine weitere Nachricht über ihn findet sich in einem Manuscript der Londoner Lambeth-Bibliothek, die — sie enthält auch eine werthvolle Copie von Coggeshale's Werk — jenen Anselm gestorum regis assertor et testis nennt. Auch Matthäus Paris erwähnt ihn, aber ohne jenen Zusatz, während Johann Oxenedes jene ganze Bemerkung hat. Von jenem Milo sieht Stubbs ohne Weiteres ab; was den Letzteren angeht, so meint er, wenn es überhaupt möglich wäre, das vorliegende Werk einem Anselm, deren es mehrere in jener Zeit gegeben habe, zuzusprechen, so sei am wahrscheinlichsten Anselm, zuletzt Bischof von St. Davids, 1247 gestorben, als der Verfasser anzusehen. Er war ein Verwandter des Giraldus Cambrensis, der in seiner instructio principum ganze Capitel aus jenem Buche entlehnt hat. Wäre nun, meint Stubbs, Anselm's Werk mehr als mündliche Erzählung, so sei es als Coggeshale's Quelle anzusehen.

Es erscheint auffallend, daß Stubbs auf die Autorschaft dieser beiden so schnell verzichtet, zumal später, insbesondere im letzten Theil, eine fast verschwenderische Beweisführung eintritt. Das gestorum assertor et testis der Lambeth-Handschrift mag allerdings nichts für Anselm's schriftstellerische Thätigkeit beweisen, aber es wäre doch angezeigt, das ausdrückliche Zeugniß Johann's von Peterborough, sein facta ejus scripserunt entweder zu entkräften oder anzuerkennen.

Es ist allerdings bemerkenswerth, daß keine Handschrift den Namen jener trägt, aber das kann doch unmöglich als Gegenbeweis solche Kraft haben, daß ganz von diesen Namen abgesehen wird. Vielleicht hätte an diesem Punkte schon die ganze verwickelte Untersuchung, die doch kein zweifellos richtiges Resultat über die Autorschaft bringt, abgebrochen werden können. — Der Herausgeber sucht dann nachzuweisen, daß das vorliegende Werk nicht von einem der bekannten Kreuzzugsschriftsteller herrühren könne. Ralph von Diceto's Werk ist nach einzelnen Notizen und Correspondenzen, z. B. seines Caplans, zusammengesetzt; Coggeshale hat den Bericht jenes Anselm (!) benutzt und die Erzählungen Hugo's von Neville, der im Itinerarium auch erwähnt ist, aufgenommen; Benedikt von Peterborough und J. Brompton, und darnach leicht abgekürzt Roger von Hoveden, bringen einen so vollkommenen Bericht, daß ihnen das Tagebuch eines Augenzeugen vor-

gelegen haben muß; daß jener Milo der Uebersender desselben gewesen,
ist unerweisbare Annahme, meint Stubbs. Er kommt weiter auf die
Annalen des Dominikaners Nikolaus Trivet zu sprechen, der im Anfang
des 14. Jahrhunderts schrieb und das vorliegende Itinerarium aus=
zugsweise benutzte. Bei der Charakterschilderung Richard's sagt nun
Trivet: Cujus moris corporisque formam Ricardus canonicus
Sanctae Trinitatis Londoniensis, qui itinerarium regis prosa et
metro scripsit, secundum ea quae ut ipse asserit praesens vidit
in castris, per hunc modum describit.

Dieselbe Nachricht geben zwei Handschriften in einem Zusatz, der
von einer Hand aus der Zeit der Königin Elisabeth herrührt. Ein Manu=
script von der Cambridge=Bibliothek jedoch schreibt in einer Randbemer=
kung die Autorschaft dem Geoffrey Vinsauf zu. Eine von Kaspar Barth,
gest. 1658, zu Erfurt gefundene Copie des ersten Buchs trägt die
Ueberschrift: Guido Adduanensis de bellis Palaestinis. Eine weitere
Nachricht über den Autor des Itinerariums, die auf den erstgenannten
Ricardus zurückweist, findet sich in dem Coggeshale zugeschriebenen
Chronicon Terrae Sanctae, welches ohne Angabe der Quelle eine
Anzahl von Stellen und Auszügen aus dem Itinerarium und am
Schluß die Bemerkung hat: Post Pascha unus ab incarnatione
Dom. 1191 rex Franciae Philippus applicuit apud Achon et
non multo post — venit rex Anglorum Ricardus, quorum seriem
itineris et quae in itinere gesserunt seu ex qua occasione rex
Philippus repatriavit, si quis plenius scire desiderat, legat librum
quem dominus prior Sanctae Trinitatis de Londoniis ex Gallica
lingua in latinum tam eleganti quam veraci stilo transferri
fecit. Es handelt sich also bei der folgenden Untersuchung um die
Ansprüche von 3 Personen.

Stubbs behandelt zunächst die Ansprüche des Guido Adduanensis
und hat da Gelegenheit Barth's Meinungen, als sei der Verfasser ein
Deutscher, abzuweisen; wie Stubbs dazu kommt, die Beweisführung
jenes als a manner worthy of later German criticisme zu be=
zeichnen, ist mir unverständlich. Er sucht dann zunächst wahrscheinlich
zu machen, daß jener Adduanensis eine Verwechselung mit Catalau=
nensis sei, von welchem Alberich von Trois Fontaines[23] berichtet, daß

---

[23] Leibn. access. hist. p. 431.

er eine Geschichte von Anfang der Welt bis auf Richard's Tod geschrieben habe. Von diesem Werk gibt dann Stubbs Stellen, um zu beweisen, wie es in Stil und Anlage dem Itinerarium very like sei. Mir hat es indessen schlechterdings nicht gelingen wollen, auch nur die geringste Aehnlichkeit zwischen beiden herauszufinden. Der Beweisgang des Herrn Herausgebers ist in dieser Partie stark verschleppt, so daß man sich denselben wiederholt recapituliren muß: Guido Adduanensis ist eine unbekannte Person, nun gibt es aber einen Catalaunensis, und Adduanensis kann leicht aus Catalaunensis verdorben sein; ist dies aber der Fall, dann beruht die ganze Autorschaft auf einer Glosse, die irgend ein Kritiker durch die Aehnlichkeit beider Schriften veranlaßt, geschrieben hat, denn das von Guido Catalaunensis erhaltene Werk ist eben ein anderes als unser Itinerarium. Mag auch die Annahme des Herrn Herausgebers, was die Confusion des Adduanensis und Catalaunensis angeht, nicht ohne Bedenken sein, und die Behauptung der Aehnlichkeit beider Schriften gänzlich unerwiesen scheinen, so wollen wir ihm doch gerne glauben, daß besagter Guido der Verfasser des Itinerariums nicht ist. —

Die Ansprüche des zweitgenannten Geoffrey Vinsauf sind nach der Meinung Stubbs' viel haltbarer. Der genannte Autor ist der Verfasser einer ars poetica. Von seiner Person weiß man nichts, als daß er in Rom gewesen ist und König Richard überlebt hat; er ist oft mit andern seines Namens verwechselt worden, wofür Stubbs mehrere Beispiele anführt. Zwei Gedichte Gaufrid's, die sich auf Richard beziehen, haben die Phantasie der mittelalterlichen Scriptoren vorzugsweise beschäftigt und am Ende des Itinerariums in einer Abschrift der Cambridge-Bibliothek eine Stelle gefunden; das eine von diesen beiden, die Todtenklage, hat Trivet in seine Chronik am Ende von Richard's Regierungszeit eingefügt und von da ist es wahrscheinlich in Brompton's Chronik übergegangen. — Nun mag es gekommen sein, daß ein Abschreiber, der vergebens am Anfang des anonymen Itinerariums den Namen des Verfassers suchte, das Gewünschte am Ende in dem explicuint versus magistri Galfridi Vinsauf gefunden zu haben glaubte. Dem Bestreben der Bibliographen jener Zeit, bemerkt unter anderm Stubbs mit Recht, entspricht es, daß Pits z. B. die eine ars poetica zu sechs Werken desselben Verfassers macht; daß das bekannte Werk des Giraldus von dem Leben des Erzbischofs Geoffrey und ein anderes de rebus Ethicis dem Gaufrid zugeschrieben wurde. Um so bemerkenswerther ist es, daß unter keiner Aufzählung seiner Werke das Itinerarium genannt ist. Dieses argumentum a silentio scheint allerdings von besonderem Gewicht, wie denn in diesem Theil der Untersuchung Stubbs durchweg Takt, Klarheit und Scharfsinn in vollem Maße beweist. Der Verfasser des Itinerars, fährt Stubbs fort, liebt es, Verse einzustreuen; wäre nun jener Gaufrid der Verfasser, wie sollte er es sich bei seiner sonstigen Eitelkeit versagen, eigene Verse einzuflechten; wäre er Theilnehmer des Kreuzzugs gewesen, so sollte man denken, daß das wenigstens einige Anschauung und Farbe in sein wässeriges Detail gebracht hätte. Schließlich macht Stubbs mit Recht darauf aufmerksam, wie verschieden der Charakter der beiden Schriftsteller ist: jede Zeile der ars poetica trägt den Charakter eines pedantischen Verfassers; bei jeder Gelegenheit macht sich seine Selbstgefälligkeit breit; bei dem Verfasser des Itinerariums zeigt sich überall ein reiner Enthusiasmus, der seine Person vollständig zurücktreten läßt. Was Gale's Standpunkt zu Gaufrid's Autorschaft angeht, so meint Stubbs, da Gale nicht im Stande war, in irgend einem Verzeichniß von Gaufrid's Werken eine Bestätigung jener Ueberschrift in der Cambridger Handschrift zu finden, so redete er sich ein, Geoffrey und Walter von Coutances, dem Pits ein Werk über Richard's Pilgerfahrt zuschreibt, seien ein und dieselbe Person. Aber der Verfasser des Itinerars war mit im heiligen Lande, während Walter als Justitiar in England lebte. Gale war nicht unbekannt mit den Ansprüchen des Kanonikus Richard auf das Itinerarium, aber er hielt dessen Werk für ein von dem vorliegenden verschiedenes und identificirte es vielmehr mit dem Richard's von Devizes. — Einen andern starken Irrthum hat sich übrigens Gale noch zu Schulden kommen lassen, indem er behauptet, daß Bongars das von ihm edirte Fragment und ebenso Blondus und Trithemius einem Mönch Robert zuschreiben; während doch die Einleitung Bongars' auf den ersten Blick zeigt, daß die in zweiter Stelle gedruckte und dem Mönch Robert zugeschriebene historia Hierosolymitana mit dem vorliegenden Werk gar nichts zu thun hat. — Damit sind Gaufrid's Ansprüche auf die Autorschaft ebenfalls beseitigt.

Die folgende Beweisführung, die sich an die beiden bereits oben verzeichneten Stellen über den Kanonikus Richard anschließt, ist zum Theil sehr verwickelt und ihr Verständniß durch vielerlei Neben- und Detailfragen nicht selten erschwert. Ich will hier versuchen, mich auf die Hauptpunkte zu beschränken, um den Ueberblick möglichst zu erleichtern. Stubbs prüft zunächst die Nachricht, die sich am Schluß des oben genannten Chronicon Terrae Sanctae findet, und kommt da zunächst mit Recht zu dem Resultat, daß Coggeshale der Verfasser desselben wohl nicht sein könne. Das Chronikon selbst zerfällt in zwei Theile: der erste, der bis zur Eroberung des Landes und Beraubung des h. Grabes geht, ist die Erzählung eines Augenzeugen, der zweite Theil besteht aus Auszügen und Kapitelüberschriften des Itinerariums. Der Anfang zeigt durch die Worte quantis pressuris et calamitatibus — vestrae excellentiae quis intimare posset, daß es an irgend einen europäischen hohen Würdenträger gerichtet ist; wie stimmt dazu der Schluß: si quis plenius scire desiderat, legat librum? Eine solche Verweisung wäre in der That nicht blos slovenly und slipshod, sondern eine Flegelei. Durch verschiedene andere Gründe ist der Beweis als vollkommen erbracht anzusehen, daß das Chronicon von zwei Verfassern herrührt. Mit Recht bemerkt der Herausgeber weiter, daß das literarische Niveau des 13. Jahrhunderts es nicht zulasse, jene Bemerkung, betr. die Uebersetzung, literarischer Eifersüchtelei oder Bosheit zuzuschreiben; es müsse also ein Irrthum vorliegen. Denn daß das Werk keine Uebersetzung ist[24]), beweist Stubbs durch ein Heer von Gründen. Unter anderm weist er darauf hin, daß es kein derartiges französisches Buch des Mittelalters gebe, wo lateinische Citate in dieser Masse gebraucht werden; wie wenig passe auch der ganze Ton des Werks zu dem kindlichen Ton mittelalterlicher französischer Chroniken. Stubbs weist nach, daß der Stil sehr viel Anklänge an die Vulgata habe. — Welche französische Wortspiele z. B. sollten auch übersetzt sein mit dem aleis et aliis oder alliis, donis et dolis, pretio et prece, ligatos legatos? Beruhe, fährt Stubbs fort, die Behauptung jenes Chronisten auf etwas Wirklichem, so möge etwa angenommen werden, daß die Tagebuchsnotizen, die dem Werk zu

---

[24]) Pauli (Gesch. Engl. III) hält es für eine Uebersetzung.

Grunde liegen, französisch gemacht wären. Viel wahrscheinlicher aber sei es, daß der Chronist das vorliegende Werk verwechselt mit der Chronique Française d'Outremer, im Anfang des 14. Jahrhunderts ins Lateinische übersetzt, zu welcher Bernhardus Thessaurarius dieselbe Stellung eingenommen habe, wie sie zu dem Itinerarium der Kanonikus Richard gehabt haben soll[23]).

So aufgefaßt kann jene Bemerkung des Chronisten nach Stubbs' Meinung nur die Trivet's stützen. Was nun die Person Richard's angeht, so hält es Stubbs für wahrscheinlich, daß sie identisch ist mit dem Kanonikus Richard de Templo, der am 24. Oktober 1222 die königliche Bestätigung zum Priorat erhielt und bis 1250 dieses Amt bekleidete. Die Zeit der Veröffentlichung seines Werks wird dann mit gutem Grund zwischen die Jahre 1197 und 1220 gesetzt.

Stubbs geht dann auf das handschriftliche Material über. Die älteste Handschrift, in seiner Ausgabe B genannt, hat von einer Hand aus dem 16. Jahrhundert, wie schon oben bemerkt, wahrscheinlich vom Erzbischof Parker, die Notiz: „autor Ricardus Canonicus Sanctae Trinitatis Londoniensis". Die Handschrift aus der Bibliothek zu Cambridge, von Gale benutzt und von einem spätern dem Gaufrid zugeschrieben, von Stubbs mit A bezeichnet, scheint um 1240 geschrieben. Die dritte vom Corpus Christi College, aus dem Ende des 13. Jahrhundert stammend, bezeichnet er mit C. Das von Bongars edirte Fragment ist bei ihm G. Andere Handschriften sind Copien von geringerem Werth, eine hat er nicht vergleichen können. Bei einer Vergleichung des cod. B und A zeigte der letztere anfangs Auslassungen wichtiger Stellen, auch Veränderungen der Wortstellung, die das Bestreben, klassisches Latein herzustellen, hervorgerufen zu haben scheint; im weiteren Verlauf aber zeigten beide fast dieselben Lücken und Auslassungen, so daß der Herausgeber seine Zuflucht zu dem vollständigsten Manuscript C nehmen mußte, welches auch ein langes Schlußcapitel hat, das den andern Manuscripten fehlt. Die Meinung des Herausgebers, daß nur die Verkürzungen bei A absichtlich seien,

---

[23]) Wenn ich Stubbs recht verstanden habe, so liegt hier eine Verwechselung vor, denn der sog. Bernhardus Thessaurar. ist nicht der Uebersetzer, sondern der von Pipin ins Lat. Uebersetzte; Bernh. selbst hat den Erzbisch. W. v. Tyrus ins Franz. übersetzt und fortgeführt.

erscheint wenig motivirt. Nach weiteren Untersuchungen über den cod. C meint Stubbs schließlich: die Autorschaft Richard's ist zwar nach all diesem erwiesen genug, um zu seinen Gunsten die Ansprüche der übrigen angeblichen Autoren zu beseitigen, aber doch nicht klar genug, um ohne Vorbehalt auf den Titel seinen Namen als den des Verfassers zu setzen. —

Man muß, wie schon oben bemerkt, Stubbs zuerkennen, daß er das Material in der umfassendsten Weise beigebracht und die Ansprüche der verschiedenen Persönlichkeiten auf die Autorschaft im Ganzen gründlich, durchweg mit Takt und Scharfsinn abgewägt hat. Was insbesondere den letzten Theil seiner Beweisführung angeht, so ist das Verständniß nicht selten durch das Verfolgen jedes Details und durch die Anhäufung der Beweismittel sehr erschwert, und der Gang des Hauptbeweises zu häufig durchbrochen, zumal der Herausgeber voraussah, daß es nicht möglich sein würde, ein unanfechtbares Resultat zu gewinnen, was nach dem Stand der Sache nicht gewonnen werden kann. Es kommt hinzu, daß die Sprache nicht überall durchsichtig und leicht verständlich ist, ein Umstand, der allerdings durch die Schwierigkeit des Gegenstandes veranlaßt sein mag.

Unter den Schriftstellern, die das vorliegende Werk benutzt hätten, nennt er nächst Matthaeus Paris auch Oliver Scholasticus. Was diesen letzten angeht, so läßt sich Stubbs' Behauptung in Bezug auf Saladin's Geschichte und die des Kreuzzugs Friedrich's I. nicht nachweisen.

In der Würdigung, die Stubbs zum Schluß folgen läßt, erkennt er an, daß Stil und Sprache des Itinerars im Ganzen zu besondern Ausstellungen keine Veranlassung geben. Wenn auch zuweilen Bombastisches neben ganz Trivialem steht, so zeigt sich der Verfasser doch als guter Darsteller und höchst selten farblos und ohne Realität. Seine geographischen und historischen Kenntnisse sind äußerst gering, dagegen ist er wohl bewandert in den klassischen Schriftstellern und im bürgerlichen und kanonischen Recht; auch mit den Kirchenvätern beweist er Bekanntschaft.

Wie mehrfach bemerkt, wird diese Ausgabe die Grundlage jeder kritischen Geschichte des dritten Kreuzzugs sein müssen. Die anmerkungsweise gegebenen Abweichungen der codd. geben ein deutliches

Bild vom Stand des Textes und der Handschriften; auch die Textabweichungen des Giraldus, Barth, Bale sind beigegeben.

Für den Bearbeiter einer Kreuzzugsgeschichte Barbarossa's ist Bongars noch immer sehr brauchbar. Die verschiedenen Lesarten sind irrelevant; einzelne Lücken sind allerdings auch da, so fehlen die Angaben über Saladin's sämmtliche Fürsten und Feldherrn, der Brief des Kaisers an Saladin. Gegen den Schluß S. 1162, 53 fehlen 27 Zeilen, in denen die Freude der Türken vor Achon über des Kaisers Tod und der Christen Trauer erzählt wird. In der Erzählung von Friedrich's Zug selber sind gar keine Lücken von sachlicher Bedeutung, meist unwesentliche Varianten. —

Nach dem einleitenden Prolog folgt in dem Itinerarium die Erzählung über die Verhältnisse im heiligen Land, Saladin's Person und Kriege, den Fall Jerusalems, die Belagerung, resp. Einnahme der übrigen Städte, die Sendung Wilhelm's von Tyrus, die Erklärung der Könige von Frankreich, bis St. 34, Bong. 1157 Z. 17, Gale 258 die Geschichte des Kreuzzugs Friedrich's I. beginnt. Nach den Bemerkungen über Friedrich's Stellung als europäischer Fürst, folgen Friedrich's und Saladin's Briefe, der Reichstag zu Mainz, Aufbruch und Marsch nach Ungarn, Uebergang über die Donau, Einmarsch in Bulgarien.

Bis dahin reicht das Fragment über Friedrich's Kreuzzug, was Freiherr von Reiffenberg [26] herausgegeben hat. Es braucht kaum wiederholt zu werden, daß dieses Bruchstück eben nichts Anderes ist als ein Fragment des Itinerars, nur mit etwas schlechterem Text, der zum Theil durch den Codex, zum Theil durch den Herausgeber veranlaßt sein mag, wie schon Ph. Jaffé bemerkt hat. Was Reiffenberg gefunden hat, ist eine Abschrift des Cod. A, die vor der spätern Glossirung desselben genommen ist. Sein Fragment stimmt mit jenem Cod. bis auf einige Abschreibe- und Lesefehler und einige Confusionen; z. B. [27] omnes in votum tam eximiae peregrinationis proclament, wo Reiffenberg eximiae tam und nicht tam eximiae liest, so daß er in einer Anmerkung sagt: locus videtur esse mihi mutilatus.

---

[26] Bibl. lit. Ber. IX.
[27] St. 43.

Nach dem Bericht des Verfassers über die Winterquartiere und die Verhandlungen mit den Griechen und dem Sultan, wird die Erzählung fortgeführt bis zur Einnahme Iconiums; das folgende Capitel berichtet dann Friedrich's Tod. — Von einem weiteren Referat muß ich hier absehen.

Es läßt sich nicht verkennen, daß der Erzählung dieses Schriftstellers Berichte von Augenzeugen zu Grunde gelegen haben. Stubbs hat allerdings Recht, wenn er sagt, daß er sich genau an Ansbert und die übrigen Berichterstatter anschließt; aber das originelle und interessante Detail, was er bringt, bezieht sich nicht auf Friedrich's Zug; für diesen hat ihm kaum etwas Anderes vorgelegen als mündliche Erzählung. Indeß verdient er auch so für unsern Zweck unzweifelhaft Beachtung.

Der Bericht in den Annales Colon. Max.

In diese Annalen[28] hat ein Mönch auch einen Bericht über den Kreuzzug Friedrich's und dessen Veranlassung nicht gerade umfangreich auf S. 793—800 gegeben. Er schickt unter dem Titel de invasione Sancte terrae et Sancte crucis perditione S. 793 eine kurze Geschichte des Kriegs, der Einnahme Jerusalems und den Verlust des heiligen Kreuzes und Grabes voraus. Die ersten Zeilen sind fast wörtlich dieselben wie die Anfangsworte in dem Briefe des päpstlichen Legaten: vox illa turturis, vox gemitus, vox doloris etc. Er läßt dann den Brief des Terricus an Papst Urban folgen. Nachdem er darauf über den Reichstag zu Mainz und alle Vorbereitungen zum Kreuzzug berichtet hat, geht er S. 796 zur Geschichte des Kreuzzugs selbst über und deutet dies am Rande durch den Zusatz in rother Schrift an: prima expeditio sub Friderico imperatore. Ueber seine Quellen gibt der Verfasser selbst keine Nachricht. Zuerst macht er S. 796 von Z. 10 an eine kurze Angabe über einen Zug, der am 26. Februar zu Schiff von Cöln aus unternommen wurde, der aber ohne Erfolg blieb, so daß die Ueberreste am 2. Februar des folgenden

---

[28] M. G. SS. XVII 793 ff. und Wattenb. Quellen 498.

Jahres mit mancherlei Beutestücken zurückkamen. Nach kurzen Angaben über die englischen, französischen und italienischen Verhältnisse berichtet er über den Hoftag zu Regensburg am 23. April.

Die Art des Berichts unterscheidet sich im weiteren Verlaufe der Erzählung wesentlich von der des Ansbert und Tageno. In der ersten Person wird von den Kreuzfahrern nie gesprochen; die Marschangaben sind hinsichtlich der Data sehr unvollständig, in Bezug auf das Geographische sehr summarisch; z. B. ventum est ad flumina Marowam, Sawam et Drowam. Fehlt es ihm auch nicht an Einzelangaben, wie z. B. die Nachricht vom Tode des Grafen Engelbert von Berg ist, die sich übrigens aus localem Interesse erklären lassen würde; bringt er hin und wieder auch interessantes Detail, das den Eindruck der Wahrheit macht, so hält sich sein Bericht im Ganzen doch in sehr engen Grenzen. Ueberhaupt bekommt er schon dadurch einen anderen Charakter, daß andere Ereignisse, wie das denn im schriftstellerischen Zweck des Verfassers lag, chronologisch eingeschoben sind; so kehrt er S. 798 Z. 28 nach Deutschland zurück, berichtet den Tod des Königs von Sicilien, den Aufbruch des Grafen von Flandern, der Könige von England und Frankreich, bis er S. 799 Z. 2 wieder den Bericht über Friedrich's Zug und dessen weitere Schicksale aufnimmt und ihn in der oben angedeuteten Weise weiterführt, bis zum Tod des Kaisers.

Nach alledem kann der Berichterstatter auf Autopsie natürlich keinen Anspruch erheben. Seine Nachrichten mag er einzeln gesammelt haben, theilweise vielleicht haben ihm kurze schriftliche Notizen von Theilnehmern vorgelegen, vorwiegend jedoch hat er nach mündlichen Berichten wohl einzelner zurückkehrender Ordensgenossen erzählt[29]). Was er gegeben hat, macht durchweg den Eindruck von Glaubwürdigkeit, seine Sprache ist klar, ruhig und leicht verständlich, fern von Uebertreibungen, Schönrednerei und Schwatzhaftigkeit, die die Lectüre der historia peregrinorum oft verleiden. Dieser Bericht bleibt also eine willkommene Zugabe zu denen der Augenzeugen und wird bei einer Geschichte des kaiserlichen Zugs seine Stelle wohl einnehmen. —

In das Chronicon Slavorum des Helmold hat dessen Fortsetzer

---

[29]) Riezler S. 104.

Arnold, Abt des Johannesklosters in Lübeck, auch einen Bericht über Friedrich's Kreuzzug aufgenommen [30]). Sein Werk ist im Anfang des 13. Jahrhunderts vollendet.

Der Geschichte des Kreuzzugs schickt er eine Vorgeschichte der jerusalemitischen Verhältnisse, die Inthronisirung des Königs Wido, den Verlauf des Kriegs mit Saladin und die Agitation des Papstes für einen Kreuzzug voraus. Seine Darstellung zeigt sich hier im Ganzen klar und gewährt einen ziemlich ausreichenden Einblick in die jerusalemitischen Verhältnisse. Der Zug des Kaisers selbst, dessen Beschreibung er mit Cap. 29 beginnt, ist kürzer dargestellt, mit seltenen Angaben über Data und Marschorte; seine schwache Seite scheinen besonders die Zahlenangaben zu sein. Neues Detail bringt er wenig und oft unzuverlässig [31]).

Seine Quellen hat er ebenfalls nicht namhaft gemacht; ohne Zweifel beruhen seine Nachrichten auch hier „vorzugsweise auf mündlicher Ueberlieferung", und zwar mag für seine jerusalemitischen Nachrichten sein Hauptberichterstatter Bischof Heinrich von Lübeck gewesen sein, „der zuvor Abt des Aegidienklosters zu Braunschweig gewesen war und den Herzog auf seinen Kreuzzug begleitet hatte". Seine Zeitangaben scheinen mir keinenfalls zu beweisen, daß er eine schriftliche Quelle benutzt hat [32]).

Noch kürzer ist der Bericht, der sich von Otto von St. Blasien in der Fortsetzung von Otto's von Freisingen Chronik findet. Ueber die Person des Verfassers, seinen schriftstellerischen Werth und die Ausgaben seiner Schrift finden sich nähere Angaben bei Wattenbach a. a. O. S. 424 f. und in der Vorrede zu Böhmer's Fontes III Seite LVXVI folgende. Otto's Bericht bringt über die jerusalemitischen Verhältnisse nichts und nur eine ganz kurze Angabe über die Veranlassung des Zugs. Ueber seine Quellen läßt sich ebenfalls nichts Bestimmtes beibringen.

Auf derselben Linie steht ungefähr der Bericht, der sich in den Reinhardsbrunner Annalen [33]) findet. Nach der Meinung des

---

[30]) M. G. SS. XXI 171 ff. und Wattenb. a. a. O. S. 452 f.
[31]) Riezler 29 a. 5.
[32]) Riezler 104.
[33]) Ausg. v. Wegele 1854.

Herausgebers ist der Theil, in dem sich der Bericht über den Kreuzzug findet, ungefähr 1197 abgefaßt; über die Person des Verfassers selbst vermag Wegele keinen Aufschluß zu geben, ebenso wenig über die des späteren Redacteurs und Compilators.

Der kurze Abriß der Kreuzzugsgeschichte geht von S. 43—49 in jener Ausgabe mit den dazwischen eingeschobenen Episoden aus der deutschen Reichsgeschichte und kann keinen Anspruch auf besondere Wichtigkeit erheben. Auch er beruht augenscheinlich nur auf mündlicher Ueberlieferung, er hält sich ganz im Allgemeinen und ist ebenso wenig wie die letztgenannten von einzelnen Irrthümern, die durch die Tradition veranlaßt sein mögen, frei; wie er denn z. B. den Uebergang über den Hellespont irrthümlicherweise am Palmsonntag beginnen läßt; unbedingt verdächtig erscheint auch sein stark ausgesprochener Argwohn gegen Bela S. 44 f., worauf ich noch einmal zurückkommen werde.

Noch kürzer als diese Berichte ist ein in das Chronikon des Giselbert von Hasnon aufgenommener, der nur in wenigen Sätzen den allgemeinen Verlauf des Zugs bietet; eigenthümlich ist bei dem Bericht über den Tod des Kaisers, die Nachricht, daß er erst nach achttägigen Leiden gestorben sei.

Bei allen diesen, wie bei den andern Berichten, die ich Gelegenheit hatte zu vergleichen, selbst bei den östreichischen, zeigt sich die auffallende Thatsache, daß keiner Ansbert benutzt hat [34].

Von weiteren zeitgenössischen Berichten, die sich im Ganzen auf mündliche Referate stützen, ist zunächst ein italienischer zu nennen, der in drei Recensionen überliefert ist. Einmal findet er sich in den Annales Mediolanenses [35]; sodann in den Annales Placentini Gibellini [36]. Ueber die Person der Verfasser und die Abfassungszeit herrschen vorläufig noch bedeutende Differenzen, die ich nicht näher habe prüfen können; ich verweise auch hier nur auf Wattenbach S. 445 f. Außerdem findet sich derselbe Bericht in der Chronik des Bischofs Sicard von Cremona [37].

---

[34]) Riezler 104.
[35]) M. G. SS. XVIII, 357 ff.
[36]) l. c. 466 ff.
[37]) Murat. VII, 529 ff.

Was das Verhältniß der einzelnen Recensionen unter einander angeht, so stellt sich das zwischen den beiden erstgenannten Annalen in folgender Weise. Zunächst mögen einige Beispiele aus beiden Recensionen gegenübergestellt werden. So berichten beide gleich im Anfang:

Annales Mediolan.	Annales Placentini Gibellini.
Levavit imperator Fridericus signum crucis domini nostri Jesu Christi 1189 ab ejusdem incarnationis anno. Exivit autem cesar de Alamania et venit in Ungaria. Ibi ferunt eum habuisse nonaginta milia militum pugnatorum armatorum. Rex vero Ungariae honorifice et pacifice recepit eum et in pace transivit per totam Ungariam.	In festo Sancti Georgii levavit dictus imperator signum crucis et exivit de Alamania et intravit Ungariam, ibi fertur eum habuisse nonaginta millia militum armatorum. Rex vero Ungariae honorifice recepit eum et pacifice et in pace per totam Ungariam transivit.

oder an einer Stelle weiter unten:

Postquam autem Constantinopolitanus imperator audivit quod Philippis capta esset, nuncios cesaris dimisit et verba in hunc modum mandavit: Mandat tibi Romanus imperator Cursacus etc.	Postquam autem Constantinopolitanus imperator audivit quod Philipis capta esset, nuncios cesaris dimisit et verberatos in hunc modum mandavit: Mando tibi, Romane imperator, Jursutus etc.

Diese beiden Stellen mögen genügen, um ihr gegenseitiges Verhältniß zu beleuchten. Indeß zeigen sich weiter unten einige Differenzen. Nämlich bei der Besetzung Philadelphia's fehlt in den Placentiner Annalen folgende Stelle: Sed quia Greci pernimium dicebant eis carum forum fore, crescit inter eos magna lis, et inierunt bellum et certarunt duos dies et noctes absque voluntate imperatoris. Videntes autem Greci se vinci, fugerunt in civitatem et munitiones civitatis defendere coeperunt. Et postea inierunt pactum et dederunt eis bonum forum; sed porrigebant cum funibus in canistris et in paneriis et ipsi eodem modo porrigebant eis nummos.

Exiit postea imperator de civitate Philadelphyn.

Weiter unten fehlen noch zwei kleine, für den Sinn ganz unwesentliche Sätzchen. Wenn beide Recensionen also im Ganzen einen wörtlich fast gleichlautenden Bericht geben, so zeigt der in den Mailänder Annalen doch den volleren und ursprünglicheren Text.

Wenden wir uns nun zur Vergleichung beider mit dem Bericht bei Sicard von Cremona, welcher eine Chronik von Erschaffung der Welt bis 1213 verfaßte. Der Verfasser ist im Jahre 1215 gestorben und hat mehrere Schriften hinterlassen. Das vorliegende Werk ist mit einer umfassenden Einleitung von Muratori herausgeben nach zwei Codices, dem Wiener und dem Ester [38]. Nach Muratori's Meinung stammt die Ester Handschrift ungefähr aus dem Jahre 1290 und ist die bei weitem vollständigere, auch sie, meint Muratori, biete im Ganzen nur eine Arbeit Sicard's dar, sei nur stark interpolirt. Die Gründe, die Muratori für seine Meinung beibringt, lassen sich wohl hören, indeß ist bei dem jetzigen Zustand des Textes und den Handschriften eine sichere Grundlage für eine Erklärung des ganzen Verhältnisses nicht gegeben. —

Nach einer ziemlich kurzen Uebersicht über die Verhältnisse in Jerusalem, den Streit zwischen den Christen und den Einfall Saladin's wird, indem hier und da italienische Nachrichten dazwischen gestreut sind, die Sendung des Grafen von Dietz erwähnt, dann folgt jener Kreuzzugsbericht. Einige Stellen werden sofort das Verhältniß kennzeichnen. Gleich im Anfang heißt es: Exiens de Alamannia intravit in Hungariam, ubi dicitur habuisse nonaginta millia pugnatorum, et ab Hungariae rege honorifice receptus Hungariam pertransivit. Die oben angegebene zweite Stelle fehlt bei Sicard ganz. Jene Erzählung von den Vorgängen in und um Philadelphia, die nur die Recension in den Mailänder Annalen hat lautet bei ihm so: Postmodum propter caristiam contentio fit inter

---

[38]) Der Münchener Cod., den Riezler verglichen hat, „folgt dem Text des Wiener, von dem er nur in der Orthographie, und zwar nicht zu seinem Nachtheil, abweicht". Riezler 106.

Graecos et Theutonicos. Bellum initur, et absque Imperatoris voluntate per duos dies et noctes continuo decretatur cet.

Wie sich schon aus diesen Stellen ergibt, ist durch Sicard eine Umarbeitung und stellenweise Verkürzung und Zusammenziehung des ursprünglichen Berichts erfolgt, und zwar hat ihm die Mailänder Recension vorgelegen, wie die zuletzt angeführte Stelle beweist, die die Placentiner Annalen nicht haben. Außerdem hat Sicard zuweilen kleine Zusätze gemacht; z. B. will er in seiner Weise die Flucht der türkischen Gesandten motiviren und setzt hinter dem fugerunt S. 609 C: timentes ne detectae fraudis Imperator faceret ultionem und fügt dann gleich noch hinzu: Christianus vero exercitus confisus in Domino, qui deduxit Israël per desertum, cet.

Es mag gestattet sein, hier noch einmal kurz auf den Cod. Estensis zurückzukommen. Den ganzen Bericht mit allen oben erwähnten Abkürzungen und Einschiebseln haben die sämmtlichen codices in gleicher Weise, eine Thatsache, die Muratori's Meinung stützen mag, daß der Codex Estensis zum großen Theil eine zweite Bearbeitung von Sicard's eigener Hand enthalte. Eigene Zusätze bietet nämlich hier die Ester Handschrift sehr wenige; z. B. jenen letzten, den ich bereits oben als gemeinschaftlich mit der Historia peregrinorum citirt habe und sodann Zusätze, die sofort den späteren Interpolator zeigen; so findet sich z. B. zu den Turkomanen von Betia, wie Muratori liest, die Glosse im Cod. Estens. qui et Oebeduni vocantur; oder einige Zeilen später, wo erzählt wird, daß der Emir dem Kaiser den Verrath entdeckt habe coelesti gratia inspiratus, setzt der Glossator hinzu aut quia forti nostrorum manus inciderat, metu mortis Imperatorem adiit und dergleichen mehr. Daß der Codex Estensis an dieser Stelle weniger sachliche Zusätze bringt, mag wohl seinen Grund mit darin haben, daß Sicard schon in seine erste Arbeit jene umfassendere Quelle aufgenommen, also nachträglich weniger zuzusetzen hatte. Wie ich schon oben bei dem Anonymus des Canisius gesagt habe, finden sich in einzelnen Stellen der Ester Handschrift Anklänge an Ansbert. Daß jener Anonymus das Werk Sicard's gekannt hat, scheint mir ganz unzweifelhaft, und daß Sicard die Priorität gebührt, scheint mir die Natur der oben angegebenen Stellen zu beweisen, die in der Fassung des Anonymus mir den Eindruck der Ueberarbeitung gemacht haben. Vielleicht ist er einer der Glossatoren Sicard's wie das seiner geschwätzigen Weise durchaus entspräche. Eine weitere Besprechung dieser Frage muß ich schon deshalb unterlassen, weil mir das Material vollkommen fehlt, so daß es vorläufig bei der Hypothese bleiben muß.

Was nun den Bericht selbst angeht, so erhebt sich zuerst die Frage nach dem Verfasser. Daß es Sicard nicht selbst ist, geht wohl aus dem bereits Gesagten hervor[39]), ebenso unzweifelhaft erscheint es, daß der Verfasser der Placentiner Chronik den Bericht nicht geschrieben hat. Nach dem, was über den Verfasser der Mailänder Annalen bekannt ist, ist auch ihm die Abfassung des Berichts nicht zuzuschreiben. Der Verfasser ist ohne Zweifel ein Italiener, wie jeder Leser sofort erkennen wird, etwas Weiteres bin ich außer Stande beizubringen. Ob der Bericht ein Theil des verlornen Werks des Johannes von Cremona ist oder auch nur sein kann, vermag ich nicht zu entscheiden.

Dieser Bericht beruht offenbar auf Mittheilungen von Augenzeugen, wahrscheinlich mündlichen oder höchstens nur ganz kurzen Notizen; es herrscht überall eine gewisse Anschaulichkeit und Lebendigkeit; er hat interessantes und zum Theil originelles Detail, das den Stempel der Wahrheit an sich trägt; ein oder der andere Irrthum ist auch mit untergelaufen.

Aehnlich verhält es sich mit einem anderen italienischen Bericht. Derselbe findet sich in die Ursperger Chronik von dem Abt Burchard aufgenommen. Daß der Bericht von einem Italiener verfaßt ist, liegt offen am Tage und ist aufs schlagendste von Otto Abel[40]) nachgewiesen. Separat ist der Bericht in Eccardi corpus II 1349—1354 abgedruckt als Brevis historia occupationis et amissionis Terrae Sanctae, der auch eine kurze descriptio itineris in Terram sanctam vorhergeht 1345—1348. Ueber die Ursperger Chronik selbst habe ich hier keine Veranlassung mich aus-

---

[39]) Riezler 106.
[40]) Archiv XI 97 ff.

zusprechen und verweise auf den schon erwähnten Aufsatz Otto Abel's und Wattenbach 504 hin.

„Die vielen und oft nicht unerheblichen Verschiedenheiten unseres Textes von dem Eccard'schen, sagt Abel a. a. O. S. 98, und namentlich auch die Zusätze zu demselben gehören nicht eigenthümlich dem Ursperger Chronisten an, sondern sind auf die Handschrift zurückzuführen, die ihm vorlag." „Der oben genannte Burchard hat sich die Aufzeichnung wahrscheinlich während eines Aufenthalts zu Rom 1211 verschafft und nach Deutschland mit herüber gebracht, um sie in sein Werk aufzunehmen." —

Abel sagt nun a. a. O. S. 98 unten, daß diese brevis historia „unverkennbare Spuren einer Verwandtschaft" mit der historia orientalis des Jacobus a Vitriaco zeige. Jacob von Vitry, der sich so großer Erfolge als Kreuzprediger gegen die Albigenser rühmen durfte, zuletzt Cardinal und Bischof von Tuskulum, hat eine ziemlich ausgedehnte schriftstellerische Thätigkeit entwickelt, in Betreff deren, sowie seiner einflußreichen Stellung im Mittelalter überhaupt ich auf Sybel's Gesch. des 1. Kreuzzugs S. 158 verweise. In seiner historia Hierosolymitana erwähnt er nur in einigen Zeilen den Zug und Tod des Kaisers; dagegen in der historia orientalis findet sich eine Vorgeschichte und die ganz kurze Erzählung des Zugs selbst, der Abel unverkennbare Spuren einer Verwandtschaft mit der brevis historia zuspricht. Indeß ergibt eine ganz oberflächliche Vergleichung beider, daß die ganze brevis historia wörtlich von Jacob von Vitry entlehnt ist. Bis auf wenige Varianten ist alles wörtlich übereinstimmend von Terra Hierosolymitana bis zum Deo gratias. Es liegt demnach offenbar ein Irrthum Abel's vor, der sich vielleicht als eine Verwechselung, als ein Gedächtnißfehler herausstellt. Nämlich gleich hinter jener Behauptung folgt bei ihm der Satz, „daß in dem sogen. Bernardus Thessaurarius die brevis historia enthalten sei". Darnach und nach dem was er auf der vorhergehenden Seite sagt, daß nämlich „Franziskus Pipin den Bericht in sein von Muratori unter dem Namen Bernardus Thessaurarius herausgegebenes Werk aufgenommen hat", sollte man meinen, er sei ganz wörtlich in diesem Werk wiederzufinden. Vorher werden ein paar Worte über den sogen. Bernardus Thessaurarius nothwendig sein. Wie Muratori scharfsinnig nachgewiesen hat,

hat dieser Mann, von dem man sonst nichts weiß[41]), in der Mitte
des 13. Jahrhunderts gelebt und ein Geschichtswerk, welches von 1095
bis 1231 reichte, in französischer Sprache geschrieben. Dieses hat nun
um 1320 ein italienischer Priester Franziskus Pipinus ins Lateinische
übersetzt, erweitert und auf die verschiedenste Weise glossirt. Vergleicht
man nun den Anfang der brevis historia mit diesem lateinischen
Bernhard, so findet man, daß, wo die brevis historia vielleicht ein
Sätzchen hat, dasselbe in Bernhard auf vielen Seiten gesagt ist; Wort-
anklänge zeigen sich hier gar nicht. Im Verlauf der Erzählung aber
tritt eine Aenderung in ihrem beiderseitigen Verhältniß ein. Es finden
sich Stellen der brevis historia in kleineren und größeren Absätzen
zerrissen an verschiedenen Stellen des Bernhard. Thessaur. aufgenommen. Die Beispiele werden zeigen, wie der italienische Bericht
in Stücke zertheilt und bunt durcheinander gewürfelt ist.

Brevis hist. S. 1350 unten.	Bernh. Thess. Murat. VII. 806 D.
Praedicti namque excidii dato rumore per orbem fremuerunt gentes et conturbata sunt regna. Venerunt etc.	Interim quoque excidii Hierosolymitani dato rumore per orbem fremuerunt gentes et conturbata sunt Regna. Venerunt enim bis porrexerunt stimmen die Texte fast wörtlich.

In der brev. hist. folgt darauf die Stelle: Est autem urbs
Accon — obsederunt, während die entsprechende Stelle bei Bernh.
Thess. der ersten mit bedeutenden Abweichungen im Wortlaut voraus-
geht. Während in der brev. hist. nach kurzem Einschiebsel die Stelle
nam paucis diebus evolutis venerunt Daci, Normani cet. — obsederunt der vorigen folgt, steht die entsprechende des Bernh. hinter
der ersten mit unbedeutenden Varianten.

Aus diesen Stellen, denen leicht noch andere hinzugefügt werden
könnten, ergibt sich, daß Pipin die italienische Quelle benutzt hat.
Abel's angeführte Behauptungen scheinen mir daher durch eine Verwechselung dieses Schriftstellers mit Jac. v. Vitry veranlaßt zu sein.
Die Ausbeute, die dieser Bericht für Friedrich's Zug gewährt, den er

---

[41]) Vergl. ob. des Kaisers Brief a. s. Sohn.

mit wenigen Zeilen abmacht, ist gleich Null. Ueber den Verfasser desselben hat neuerdings Riant (de Haimaro Monacho) die Hypothese aufgestellt, daß als solcher vielleicht derselbe Amerigo Monaco anzusehen sei, der das Gedicht über die Belagerung Accons verfaßt hat. Ein evidenter Beweis ist indeß nicht geliefert [42]).

Genannt werden mag noch Oliver. scholastic., dessen Bericht so kurz ist, daß eine Quelle nicht nachgewiesen werden kann. Seine Nachrichten über den Tod des Kaisers erfreuen sich einer besondern Ausschmückung, eine unwesentliche Abweichung von den übrigen Quellen erwähnt Riezler 65. Sein Name ist in einem Briefe Jac. v. Vitry an Papst Honorius genannt [43]).

Auf Jac. v. Vitry gestützt, gab der Venetianer Marin Sanuto seine secreta fidelium Crucis [44]) heraus mit geographischen Tafeln, rudes quidem, memorabiles tamen meint er selbst, und überreichte das Werk 1321 Joh. XXII. Friedrich's Kreuzzug wird in 8 Zeilen abgethan. Bei dem Bericht über des Kaisers Tod folgt er ebenfalls seinem Gewährsmann, kann aber seinem christlichen Gewissen einen Zusatz nicht versagen: balneo, vel secundum alios equo lapsus; für eine kritische Anwandlung möchte ich es bei diesem Schriftsteller wenigstens nicht halten. Ganz werthlos ist auch der Bericht in der Chronik des Joh. v. Ypern. Im Ganzen auf derselben Linie steht für uns die Chronik Hermann Korner's, eines geborenen Lübeckers, um 1450 in einem Dominikanerkloster Sachsens gestorben. Seine Hauptquellen sind Vinc. v. Beauvais, Heinr. v. Herford, Martin der Pole; seinen Kreuzzugsbericht hat er wörtlich aus Arnold von Lübeck genommen. Während die sächsische Weltchronik noch eine kurzes Resümé des Zugs gibt, erwähnt ihn die Chronik des Joh. Kraft von Regensburg gar nicht mehr. —

Was die weitere Literatur angeht, so verweise ich auf Sybel's vortreffliche Charakteristik in der Geschichte des 1. Kreuzzugs, sowie auf Riezler's Darstellung 115 ff.; in welcher ich die Auslegung des Hartmann'schen und lebte mîn her Salatîn 117 f. für besonders gelungen halte. Für weniger gelungen halte ich die Zurückführung einiger

---

[42]) Riezler 108.
[43]) Mart. thess. II 292.
[44]) Bongars II 130 ff.

Stellen des „Gedichts" auf Arnold v. Lübeck. Denn Riezler kann doch nur als Grund dafür anführen, daß beide vier Kreuzzugstheilnehmer in derselben Reihenfolge nennen. Warum soll es denn unwahrscheinlich sein, „daß beide hier aus einer uns unbekannten dritten Quelle geschöpft" haben? Vor allem wissen wir noch nichts über die Quellen, die Arnold für diese Zeit benutzt hat, warum soll Arnold nicht eine Notiz über diese vier gehabt haben, die hernach auch dem Dichter zugänglich war? sollten Mittheilungen Konrad's von Querfurt, die er an Arnold gemacht hatte, nicht auch auf irgend eine Weise in den Bereich des Dichters haben gelangen können? Alles dies, sogar die Annahme eines bloßen Zufalls, scheint mir möglicher als diese Vermuthung Riezler's; auch in der zweiten Stelle kann ich nichts von einer ängstlichen Anlehnung an Arnold gewahr werden. Es ist mir ganz undenkbar, daß der Dichter, der die stärksten historischen Fehlgriffe fortwährend thut, auch nur einen Blick in Arnold's Werk geworfen haben sollte, ganz abgesehen von der inneren Unwahrscheinlichkeit, daß der thüringische Dichter den norddeutschen Klosterschriftsteller studirt haben soll [45]).

---

[45]) „Daß der Graf von Geldern zu Schiffe gegangen", wird am besten bestätigt durch die annal. Egmund: Otto comes Gelrensis navali itinere Jherusalem vadit.

Geschichte des Kreuzzugs.

Capitel 1.

Vorgeschichte.

Die mächtigen Wogen der mohammedanischen Völkerwanderung hatten sich beruhigt: drei Chalifate waren begründet, das Abbassidische zu Bagdad, das der Omijaden zu Cordova, das der Fatimiden zu Cairo. — Neue Völkerstürme brachten neue Reiche. Die Seldschucken brachen aus dem Osten vor: das Chalifat von Bagdad und die nördlichen Provinzen des Chalifats von Cairo, nämlich Syrien und Palästina, wurden unter dem mächtigsten Seldschuckenfürsten Malek-Schah bis zum Jahr 1092 vereinigt. Die ersten Kreuzfahrer fanden die fünf sunnitischen Seldschuckenreiche von Iran, Kerman, Iconium, Aleppo und Damaskus vor; in Aegypten herrschten die schwachen schiitischen Fatimiden. Fast vergessen hatte sich in den cilicischen Bergen ein christliches Reich gehalten, Klein-Armenien: Fürst und Volk gleich anhänglich an europäische Sitten und christlichen Glauben. Die Gunst der asiatischen Verhältnisse belohnte die Tapferkeit der christlichen Ritterschaft des Abendlandes: das christliche Reich Jerusalem konnte gegründet werden. — Das Königreich Jerusalem im eigentlichen Sinne, das selbst wieder in eine große Anzahl kleinerer Vasallenstaaten zerfiel, reichte im Westen von Beirut bis etwas südlich von Gaza, von da südöstlich bis zum nördlichsten Zipfel des rothen Meeres; die Hypotenuse des Dreiecks wird durch eine Linie vom Busen von Akaba bis zum Hermon gebildet. Nach Norden schließt sich daran dann die Lehensgrafschaft Tripolis und weiter das Fürstenthum Antiochien; zwischen beiden als Enclave, allerdings in sehr geringer territorialer Ausdehnung, das Gebiet des berüchtigten Assassinen. Von Antiochien nordöstlich liegt die Grafschaft Edessa. So ging das Reich in der Zeit seiner größten Ausdehnung unter Fulko gegen Mitte des zwölften Jahrhunderts vom oberen Euphrat bis zur Nordspitze des rothen Meeres. Dem Sultan von Aleppo und Statthalter von Kurdistan in Mosul, der sich nach und nach alle kleineren türkischen Staaten vom Tigris bis zur Grafschaft Edessa unterworfen hatte, mußte sich auch Edessa ergeben und der Besitz desselben fand einen vortrefflichen Vertheidiger an jenes Sohn Nureddin.

Bernhards von Clairvaux Stimme hatte erfolglos die abendländischen Fürsten zu einem Zuge veranlaßt; der erste christliche Besitz blieb verloren. —

Nureddin, der mit seinem Bruder die Herrschaft getheilt hatte und zu Aleppo residirte, bedrängte die christlichen Fürstenthümer, verwüstete Antiochien und nahm Joscelin von Edessa den letzten Rest seiner Besitzungen. Mehrere günstige Umstände vereinten sich, um den schnellen Gang des Verderbens noch aufzuhalten. Die Venetianer, besorgt um ihre Häfen an der phönizischen Küste, unterstützten die Bestrebungen des tapferen Königs Balduin III. von Jerusalem gegen das gewaltige Andrängen Nureddin's, der wiederum nicht ganz freie Hand gegen die Christen hatte, weil er vor allem darauf bedacht war, sich der Herrschaft über Damaskus zu bemächtigen; auch scheint er wegen der Haltung der kurdischen Soldaten und Offiziere in seinem Heere beunruhigt gewesen zu sein. Diese Verhältnisse, insbesondere aber die Schwäche der ägyptischen Chalifen, erleichterten auch wesentlich das kühne Unternehmen Balduin's III. gegen Askalon, das nach neunmonatlicher Belagerung, schlecht unterstützt vom ägyptischen Reich, in die Hände der christlichen Ritter fiel. Nureddin, mitlerweile noch verstärkt durch die Eroberung von Damaskus im Jahre 1154, säumte nicht, nach Balduins Tode die Umstände zu benutzen, die die beste Gelegenheit boten, einmal um seine Macht und sein Reich bedeutend zu erweitern, dann um jene wenig zuverlässigen Miethstruppen und deren ehrgeizige Führer zu beschäftigen[1]). Als nämlich ein von den Fatimiden vertriebener Vezier, der indeß schon den Titel Sultan angenommen hatte, ihn um Hilfe bat, stand er nicht an, sofort die beiden kurdischen Befehlshaber Schirkuh und dessen Neffen Saladin[2]) mit den betreffenden Truppen gegen die Schiiten in Aegypten zu senden. Als in der Folge jener Vezier mit seinen turkischen Helfern wegen der Belohnung in Streit gerieth, wurden die ehemaligen Bundesgenossen geschickt mit Hilfe König Amalrichs von Jerusalem geschlagen und vertrieben. Ein Sturm des Unwillens brach deswegen über das ägyptisch-jerusalemitische Bündniß unter allen Sunniten aus, ein gewaltiges Heer des Halbmondes brach 1166 zur Vernichtung des ägyptischen Reichs und dessen Helfer auf. Zum zweitenmal schien Amalrich als Befreier der Schiiten auftreten zu können, aber die größere Ungunst der Verhältnisse, die übertriebenen Forderungen, die christlicherseits an den Vezier der Fatimiden gestellt wurden, dazu das Erbgut aller Pullanen, die Treulosigkeit, brachten Amalrich in die schlimmste Lage. Aegypten kam in die Hände Schirkuh's und nach dessen Tod 1169 folgte in Cairo Saladin als Vezier und Sultan des Fatimiden-Chalifen, selbst ein Sunnite[3]), und bald konnte er sich als Statthalter Nureddin's auf den Thron des Chalifen selbst setzen, bis ihn der Tod seines Lehensherrn von dem unnatürlichen Verhältnisse löste. Die Streitigkeiten unter dessen Nachfolgern setzten ihn auch schnell in den Stand, sich ganz Syriens zu bemächtigen. Zwar hatten seine mehrfachen Stürme auf Aleppo und die Belagerung von Askalon, das Amalrich's Nachfolger Balduin IV. trotz seiner entsetzlichen Krankheit sogar im freien Felde vertheidigte, keinen glücklichen Erfolg, aber nichts vermochte auf die Dauer den Siegeslauf des gewaltigen Mannes zu hemmen. Zunächst wandte er sich freilich gegen seine Glaubensgenossen, um ihre zersplitterten Reiche zu vereinigen und zum Angriff auf die Christen ihre Kräfte zu sammeln. Damaskus und Arabien gehorchten ihm, Mesopotamien huldigte ihm, nachdem der lange Widerstand Mosuls gebrochen war. Jerusalem, nominell von einem Kinde regiert, hielt sich nur durch die wenig rühmliche Freundschaft und den Waffenstillstand, den der zeitweilige Reichsverweser mit dem Sultan geschlossen hatte, eine kurze Frist, bis das Verderben hereinbrechen mußte.

Es möge verstattet sein, hier einen kurzen Rückblick auf die innere Entwickelung des christlichen Königreichs in Jerusalem zu werfen. Die äußere Geschichte ist oft und ausgedehnt anderwärts gegeben worden[4]). Das neue Reich litt schon von der Begründung an an mannigfachen

Uebeln. Das gesammte christliche Reich zerfiel, wie schon gesagt, in verschiedene Einzelstaaten, die nur in lockerem Lehensverband standen. Der Graf von Edessa, der Fürst von Antiochien sind große Kronvasallen, die nicht gewohnt waren, nach Jerusalem ihre Blicke zu richten, das Erbübel der europäischen Monarchien des Mittelalters, die großen übermüthigen und übermächtigen Vasallen, mußte, wie die Verhältnisse einmal lagen, auch hier eine Stätte finden. Dem Königreich selbst gebrach es an der nothwendigsten Einheit. Da war ein Fürstenthum Tiberias, die Grafschaften Joppe und Askalon, die Vicegrafschaften von Neapolis und Accon, die Baronien von Kerak, Montreal, Ibelin, Gardeblanche, Caesarea, Toron, Sidon u. s. w. u. s. w. Es waren im Land ein Patriarch, Bischöfe und Erzbischöfe. An der Spitze stand ein König, der den Rath des geistlichen und weltlichen Adels anhörte und meist wohl darnach handelte; selten nur, wie bei Auflegung besonderer Steuern, wurde der assensus plebis eingeholt[5]). Die Erbfolge war im Ganzen eine sichere, doch machten auch Agnaten der jüngeren Linie, selbst Cognaten gern Ansprüche geltend, deren Anerkennung bei den Vasallen und den Geistlichen allerdings meist davon abhing, wie viel oder wie wenig Lehen zur Erwerbung in Aussicht gestellt wurden. Es läßt sich zwar nicht bestreiten, daß eine Reihe thatkräftiger und tapferer, ja kühner Regenten auf dem Thron Balduin's gesessen haben, aber die Ungunst der Verhältnisse, unter denen sie regierten, machte sich sogar unter ihrer Regierung zuweilen empfindlich geltend. Ihre auswärtige Politik richtete sich mit Recht besonders in der ersten Hälfte des zwölften Jahrhunderts gegen Aegypten, als den Theil der feindlichen Reiche, der ihnen die meisten Chancen der Eroberung, die Aussicht auf den relativ meisten Gewinn bot. Wie schon oben angedeutet befand sich das Reich der Fatimiden in einem fortwährenden Schwächezustand, der ohne weiteres den Gegner zum Angriff reizen mußte, zumal ein solcher bei dem fanatischen Haß der sunnitischen Sultane gegen die Schiiten von Aegypten von dieser Seite keine erheblichen Hindernisse zu fürchten hatte. Es kam hinzu, daß die italienischen Seestädte ein wesentliches Interesse an der Eroberung der ägyptischen Küste hatten und gern und oft nachdrückliche Unterstützung geleistet haben. Daß gerade diese ägyptische Politik, an der ja auch die alten Reiche Israel und Juda zu

Grunde gingen, schließlich den Knoten des Verderbens geschürzt hat, ist nur dem ungeschickten und treulosen Vorgehen Amalrich's und seinem verkehrten Calcul, der mit griechischer Treue und eigener Kraft rechnete, zuzuschreiben, hat eine wesentliche Bedeutung also nur insofern, als der Zersetzungsprozeß durch jene Vorgänge beschleunigt wurde. Die Zügellosigkeit der großen wie kleinen Vasallen, die oft den König in üble Lage gebracht und seine Vertragstreue compromittirt hat; das ungeordnete, ungeschickte Andrängen abendländischer Ritter, die nach Abkühlung ihrer Abenteuerlust dem Land, das sie nicht selten in Verlegenheit gebracht, den Rücken kehrten, sind nicht die geringsten Ursachen des schnellen Verderbens. Die Bischöfe und Erzbischöfe unter Leitung des Patriarchen haben zu viel Beiträge zur chronique scandaleuse im gemeinsten Sinne gegeben; die nichtsnutzige Schamlosigkeit eines großen Theils der Mönche wechselt in den Berichten mit den Zänkereien, die hierarchischer Eifer und Hochmuth eingab und Habsucht und Neid anfachte.

Die Ritterorden, zumeist allerdings eine wehrhafte Stütze, ja die wehrhafteste des Reichs, haben durch ihren großen Reichthum und ihre Rücksichtslosigkeit oft genug Anstoß erregt. Vor allem sind es die Templer, die hier eine beklagenswerthe Rolle spielen. Was es an Anmaßung, Uebermuth und Treulosigkeit gibt, wurde von Einzelnen ausgeführt, zumal in den letzten Tagen der Existenz des Reichs. Die Johanniter erscheinen bei weitem maßvoller und zuverlässiger, selbst nach den Berichten Wilhelm's von Tyrus, der auf sie noch übler als auf die Templer zu sprechen ist. Die exceptionelle Stellung der Orden im Staate hat zur Lockerung der ohnehin so dürftigen staatlichen Bande ohne Zweifel beigetragen; ihre vom Papst verliehenen und kräftig gehandhabten kirchlichen Privilegien konnten dabei nicht verfehlen die Eifersucht und widerwärtige Zank- und Verkleinerungssucht der Hierarchie herauszufordern, ein Umstand, der nicht wenig dazu beigetragen hat, den Verläumdungen und Entstellungen über die Ritterorden Eingang in die Berichte zu verschaffen und die Thatsachen zu fälschen. — Mit diesen einander widerstrebenden Elementen kreuzten sich die Interessen der Bürger, zumal in den Seestädten, der griechische Einfluß und der der italienischen Seestädte und ihrer Consuln.

Wenn die Verhältnisse der leitenden Stände für ein geordnetes
Staatswesen ungünstig waren, so waren es die der geleiteten nicht
minder. Welches Gemisch mögen die ersten Kreuzfahrer schon in der
Bevölkerung vorgefunden haben⁶)! In den Seestädten waren zu den
früheren Bewohnern im Laufe der Jahrhunderte nicht wenige Griechen hinzugekommen, handeltreibende Juden, Mohammedaner der ver-
schiedensten Stämme und Völker fanden sich ein, auch der armenische
Kaufmann hat nicht gefehlt. Im Inneren syrische Christen, ebenfalls
mit Juden, Griechen, Moslems, Armeniern, Europäern der verschieden-
sten Nationen gemischt⁷). Und welche Elemente haben die Kreuzfahrer hinzugebracht⁸)! Die christlichen Schriftsteller jener Zeit wissen
nicht genug Namen zu finden für all das Gesindel, das nach dem
gelobten Lande strömte, um Gewinn und Existenz zu suchen, da die
Heimath ihnen beides versagt hatte. Wie viele von dieser ausgedehnten Einwanderung haben sich mit mehr oder weniger List, verbrecheri-
schem Sinn und maßloser Habsucht auf den Erwerb in jeder Form
geworfen; ging ihnen doch darin ein allzu großer Theil der Führer
und Ritter im höheren Stil voran.

Rechnet man hierzu den Einfluß des fremden heißeren Klimas,
der nicht hoch genug angeschlagen werden kann, so wird ein Bild ent-
stehen, wie es die berüchtigtsten Volksklassen amerikanischer Seestädte
darbieten.

War früher Hoch und Niedrig gleich beseelt von dem Drang,
das Land des Heilands von den ungläubigen Feinden zu befreien;
war der religiöse Zug und Fanatismus der Wächter ihrer Leidenschaften
gewesen, so wichen diese Gefühle bald aus ihrer Seele: den Nimbus der
heiligen Orte trat die Gewohnheit des täglichen Lebens, die Hast nach
Erwerb nieder; der Verkehr verwischte das Gefühl des Hasses, den
oft angequälten Ekel gegen den Feind auch bei dem gemeinen Manne.

War der König zuweilen politisch fast gezwungen, mit einzelnen
der früheren Feinde Friede oder gar Bündnisse zu schließen, so war
er oft nicht sicher, daß ihm seine Vasallen mit Separatverhandlungen
nach der entgegengesetzten Seite nicht schon längst zuvorgekommen
waren; der relativ lange Bestand eines solchen Reichs, das rings von
Feinden umgeben war, ist nur dadurch zu erklären, daß es bei diesen
kaum viel besser war. Eine Thronstreitigkeit folgte hier der andern,

ein Treubruch, eine Empörung auf die andere. Verfluchten sich gegenseitig die Patriarchen von Jerusalem und Antiochien, so thaten sich andrerseits Schiiten und Sunniten ein Leids an, wo sie es vermochten. Man geräth fast in Verlegenheit, sollen Sittenlosigkeit, Zügellosigkeit und Habsucht auf beiden Seiten abgewägt werden. Erst als ein Mann, der Tapferkeit, Schlauheit, Thatkraft in seiner Person voll Edelmuth und Liebenswürdigkeit vereinte, erst als Saladin anerkannter Mittelpunkt der bis dahin zersplitterten Kräfte geworden war, bedurfte es blos noch eines Anstoßes, wie ihn ein nichtswürdiger Vasall alle Tage geboten hatte. Das verfaulte christliche Reich mußte zerschlagen werden, das war die Nothwendigkeit der Dinge geworden. —

Die Familienverhältnisse des königlichen Hauses zu Jerusalem verschlimmerten die an sich üble Lage bedeutend. Der König, kaum den Knabenjahren entwachsen, dazu dem Aussatz verfallen, war oft genug in der Lage, Rath und Entscheidung anderwärts zu suchen. Seine Schwester Sibylla, nur kurz verheirathet mit dem Markgrafen Wilhelm, gebar nach dessen Tod den nachmaligen Balduin V. — Dem Andrange Saladin's konnte man nicht ohne große Verluste widerstehen; aber noch war er zu sehr beschäftigt, die ganze mohammedanische Macht in seinen Händen zu concentriren. Obgleich die Lage der Dinge es unbedingt geboten erscheinen ließ, die Erbschwester des Königs, Sibylle, mit einem mächtigen Fürsten zu verbinden, so that doch der König in dieser Beziehung, nachdem die Unterhandlungen mit dem Herzog von Burgund gescheitert waren, einen Mißgriff der übelsten Art. Es waren hauptsächlich zwei Parteien, die sich um den größten Einfluß auf die Regierung stritten. An der Spitze der einen stand der mächtigste Vasall des Reichs, Graf Raimund von Tripolis, blutsverwandt mit dem königlichen Hause, ein Mann von Tapferkeit, Energie und Klugheit, einer der hervorragendsten Bekämpfer des Moslems, einer der treusten Waffengefährten König Amalrich's. An der Spitze der entgegengesetzten Partei stand die Königin-Mutter und der intrigante Seneschall Joscelin nebst einem umfangreichen Anhang; in ihrem Interesse schien es zu liegen, jede Person vom Thron fernzuhalten, die mit eigner Macht und Politik den Staat zu leiten im Stande war; ihren Bestrebungen ist es daher vorzugsweise ohne Zweifel zuzuschreiben, daß es der königlichen Schwester Sibylle im

Krankenzimmer des Königs gelang, dessen Einwilligung zu erlangen zu ihrer Heirath mit dem längst geliebten Ritter Guido von Lusignan, einem Mann von nicht unedler Geburt, von tapferer Hand, aber von mittelmäßigem Geist und geringer Thatkraft, ein Mann, dessen eigner Bruder später einmal von ihm sagte: Nun er König geworden ist, kann er auch noch Herrgott werden. Auch der Erzieher des Königs, Wilhelm, Erzbischof von Tyrus, der offenbar auf Raimund's Seite stand, war natürlich auf's Unangenehmste von dieser Wahl überrascht. Wenn er in seiner gewöhnlichen Phraseologie von gewissen Ursachen spricht, die die Veranlassung zu dieser unvorhergesehenen Heirath gewesen seien, so sind diese von einem späteren Berichterstatter, Benedict von Peterborough, in einer Weise illustrirt worden, die für Sibylle wenig ehrenvoll ist. Raimund und sein Anhang mußten sich auf bessere Zeiten vertrösten; ein großer Theil der Geistlichkeit und der Barone mochten wohl die Herrschaft einer solchen Persönlichkeit der jenes durchgreifenden, mächtigen Grafen vorziehen. Die Intriguen jener Hofpartei zeigten sich bald deutlicher. Als nämlich Graf Raimund in einer Privatangelegenheit eine Reise nach Tiberias unternommen hatte, machte jene den König glauben, Raimund sei auf dem Wege, ihn seines Reiches zu berauben, und sofort erließ der König den Befehl an jenen, nicht das königliche Gebiet zu betreten, so daß sich der Graf unverrichteter Dinge voll Unmuth nach Hause begeben mußte [9]. Die allzu plumpe Beschuldigung und die brüske Art des Befehls machten es Raimund's Anhängern und der mehr vermittelnden Partei, an deren Spitze wahrscheinlich Wilhelm von Tyrus stand, möglich, den Unmuth und das Mißtrauen des Königs wenigstens insoweit zu überwinden, daß er darein willigte, Raimund nach Jerusalem kommen und eine Versöhnungsscene veranstalten zu lassen. —

Die Kreise wurden immer enger, die Saladin zog; es mußte etwas Außerordentliches geschehen. Aller Adel des Reiches, geistlicher wie weltlicher, kam im Februar des Jahres 1183 in Jerusalem zusammen, um über die Herbeischaffung des Nothwendigsten schlüssig zu werden. Man berieth hauptsächlich natürlich über die Beschaffung größerer Geldmittel und kam überein, jedem Stand des ganzen Reiches eine Vermögens- und Einkommensteuer aufzuerlegen. In jeder Stadt sollten vier Männer [10] ernannt und vereidigt werden, die, nachdem sie sich selbst eingeschätzt, nach bestem Wissen und Gewissen ihre Mitbürger zur Steuer heranziehen sollten; glaubte sich einer dabei beschwert, so stand es ihm nach einer Art Reinigungseid frei, Besitz und Steuer selbst zu normiren, eine Modification, die indessen nur für Mobilien galt, da ja Immobilien sich in der Weise nicht der Taxation entziehen lassen. Jeder sollte nun nach diesem Steuergesetz ohne Unterschied von Sprache, Nationalität, Glauben und Geschlecht von seinem gesammten Vermögen, Mobilien und Immobilen, seien sie nun augenblicklich im Besitz des Eigenthümers oder verliehen, ein Procent entrichten; von Gehältern und bestimmten Einkünften sollten dagegen zwei Procent bezahlt werden. War das Vermögen des Einzuschätzenden unter dem Werth von 100 Byzantinern, so sollte er pro Feuerstelle einen Byzantiner bezahlen; seien sie auch das auf ihr Gewissen außer Stande, so sollte die Hälfte oder noch weniger eingezogen werden[11]. Kirchen, Klöster und Adel sollten von ihrem Einkommen ebenfalls zwei Procent bezahlen; die Soldtruppen dagegen nur ein Procent. Die Besitzer ländlicher Gehöfte, Gebäude ꝛc. sollen eidlich die Zahl der Feuerstellen auf ihren Besitzungen angeben und für jede einen Byzantiner bezahlen; diese Summen soll jedoch der Besitzer ermächtigt sein später von den Bewohnern der betreffenden Gehöfte wieder einzuziehen, so zwar, daß die einzutreibende Summe nach eines Jeden Besitz und der Größe der Feuerstellen repartirt wird. Die Bezirke um Jerusalem bis Kaiphas sollen das eingezahlte Geld in Säcken versiegelt mit Angabe der in ihnen enthaltenen Summen nach Jerusalem abliefern und zwar in Gegenwart des Patriarchen oder dessen Stellvertreters, des Priors vom heiligen Grabe, und des Commandanten der Burg, deren jeder einen der zum Oeffnen nothwendigen drei Schlüssel zum Schatz hatte. Die übrigen Landestheile sollten es unter ähnlichen Vorsichtsmaßregeln nach Akkon abliefern. Die gewöhnlichen Kirchen- und Staatssteuern sollen währenddeß nicht erhoben werden. Zugleich wird die Steuer ausdrücklich als eine einmalige, die nicht zu einer regelmäßigen werden darf, bezeichnet; ein Zusatz, der beweist, daß man in dieser Richtung schon damals mit außerordentlicher Vorsicht verfuhr. Das ganze Gesetz liefert einen wichtigen Beitrag zur mittelalterlichen Steuergesetzgebung. — Wie dringend gewaltige Hilfe noth that, erfuhr man schnell: Die Kunde vom Falle Aleppo's traf

noch die Versammlung. Raimund's Gegenpartei war indeß auf jede
Art thätig, sich ihren Einfluß endgiltig zu sichern. Der König war
im Lager bei Nazareth, ein heftiges Fieber ergriff ihn und schien den
letzten Rest seiner Kräfte noch verzehren zu wollen; körperlich gebrochen
und fast zu jeder Bewegung unfähig, krankhaft mißtrauisch in seiner
Hilflosigkeit widerstand er nicht länger dem Drängen jener und ernannte Veit zum Reichsverweser, aber unter Bedingungen, die jenem
verderblich werden sollten. Balduin verlangte für sich Jerusalem
und eine jährliche Civilliste von 10,000 Goldstücken; außerdem mußte
Veit eidlich erhärten, bei Lebzeiten des Königs nicht nach der Krone
streben und keine Krongüter verschenken zu wollen [12]). Eine Belohnung
seiner Freunde wurde ihm dadurch unmöglich gemacht, Mißmuth und
Undienstfertigkeit stellte sich bei ihnen ein, den König mochte es bald
gereuen, sich so bald der Herrschergewalt entäußert zu haben, auch
wollte der neue Reichsverweser ihm nicht statt Jerusalem das ent-
ferntere und festere Tyrus ausliefern; so vollständig als Werkzeug
ließ er sich auch nicht gebrauchen, wie seine Partei gehofft hatte [13]),
seine geringe Einsicht und Passivität bei kriegerischen Unternehmungen
brachten ihn bald noch mehr in ein übles Licht, so daß der Gegenpartei der Weg zu ihren Plänen geöffnet und geebnet schien. Und
daß sie diese günstige Gelegenheit und die Schwäche des Königs zu
benutzen verstand, zeigte sich schnell. Gewiß hat der Erzbischof von
Tyrus zu der Sinnesänderung des Königs nicht das Wenigste beigetragen; nach seiner Rückkehr von Constantinopel war sein Einfluß
nur noch größer geworden. Der schwankende, schwache Charakter ist
zu Extremen geneigt. Wie Veit unmotivirt herangeholt und in das
Hofgetriebe gezogen war, so plötzlich und rücksichtslos wurde er wieder
entfernt. Schweigend hörte er seine Entfernung an und würdevoller
erscheint sein Benehmen als das Wilhelm's von Tyrus, der sagt:
Recht ist ihm geschehen, denn er war gegen seinen Wohlthäter, den
König, nicht freigebig; während es geradezu ein Fehler Veit's genannt
werden könnte, wenn er wirklich Tyrus ausgeliefert hätte; der Vorwurf
der Illiberalität war bei den Clerikern des Mittelalters ein trivialer,
schämten sich die Chronisten doch nicht dem Kaiser Heinrich II. Geiz
vorzuwerfen, da er in seiner nicht allzu langen Regierung der Kirche
199 Reichsgüter geschenkt und 87 Schenkungen bestätigt hatte. Der

Einfluß Raimund's und seiner Partei wurde immer größer, er selbst wurde zum Oberfeldherrn ernannt, Veit dagegen nach Jerusalem geladen vor das Ehegericht, denn der König ging so weit, daß er sich nicht scheute, die Ehe, „die er selbst wenige Monate zuvor mit so großer Heftigkeit bewirkt hatte", trennen zu' wollen. Veit erschien natürlich nicht, berief Sibylle zu sich, zog sich nach Askalon zurück und schloß dem König die Thore. Als dann weitere Maßregeln gegen jenen beschlossen wurden und Veit Repressalien ergriffen hatte, blieb endlich nichts übrig als Raimund zum Reichsverweser zu ernennen. Dieser war indeß klug genug, diese schwierige Stellung nicht eher einzunehmen, als bis er durch einige Concessionen die Gegenpartei gewonnen und dafür seine Bedingungen angenommen sah. Dieser Compromiß ging hauptsächlich darauf hinaus, ihm auf zehn Jahre die Gewalt zu sichern; der junge König selbst wurde an Joscelin zur Erziehung übergeben; die Templer dadurch gewonnen, daß ihnen außer einer festen königlichen Stadt, die Raimund als Unterpfand behielt, die Vesten und Burgen des Reiches zur Besatzung überlassen blieben. Sterbe der minderjährige König, so solle „die Bestimmung über den Thron von Jerusalem dem Papst zu Rom, dem Kaiser, den Königen von Frankreich und England überlassen werden und ihm, dem Grafen, die Reichsverwaltung so lange ungestört verbleiben, bis die Bestimmung jener vier hohen Fürsten würde eingeholt worden sein". Der Tod des unglücklichen, verbitterten, leiblich und geistig zerfallenen Königs verhinderte weitere Feindseligkeiten gegen den verhaßten Schwager. Mit fester Hand ergriff Raimund die Zügel der Regierung, schloß in Uebereinstimmung mit den Prälaten und Baronen mit Saladin einen mehrjährigen Waffenstillstand und verhinderte durch rechtzeitiges Eingreifen eine große Hungersnoth. Aber gerade die Energie und Thätigkeit des Reichsverwesers war das Unerwünschteste für eine gewisse Partei. Der junge König starb, mit neuen Hoffnungen erhoben sich die alten Gegner, um den letzten Hauptschlag auszuführen. Joscelin ließ die Leiche des Königs heimlich nach Jerusalem von den Templern geleiten und in aller Stille beisetzen, er selbst eilte, die Burg zu Akkon und Berytus, welche Stadt die dem Reichsverweser ausgelieferte war, zu besetzen. Es erübrigte noch, die Krönungscomödie Veit's und Sibyllens, der allein der Großmeister der Johanniter als Vertragsbruch heftig und bis zum äußersten widerstrebt hatte, in Scene zu setzen: ein Taschenspielerkunststück, das den letzten fähigen Menschen aus der Regierung verdrängte: Was Betrug, Meineid und Eigennutz aufgebaut hatten über den Fußtapfen des Herrn, das hat Zuchtlosigkeit, Schwäche und Feigheit wieder zerschlagen. Der Protest Raimund's und seine Gegenmaßregeln blieben in der Hauptsache ohne Erfolg, die übrigen Barone fügten sich der Thatsache [14]. Als der neue König den widerspenstigen Vasallen Raimund mit Krieg bedrohte, ging dieser in seiner Bedrängniß so weit, Saladin's Hilfe anzurufen. Da begann man in Jerusalem einzusehen, daß es hohe Zeit zum Einlenken wäre. Indeß erschienen bei Raimund eines Tages Gesandte von Saladin's Sohn, um freien Durchmarsch durch seine Grafschaft zu verlangen. Raimund blieb kein anderer Ausweg übrig, als dem Sohn des Sultans den Durchzug und Einmarsch in königliches Gebiet zu gestatten unter der Bedingung, daß er noch am selben Tage zurückkehre und keine Burg oder Stadt belästige, zugleich sandte er Eilboten in das königliche Gebiet, um alle zu warnen und zu bitten, Burgen und Mauern nicht zu verlassen. Der Großmeister der Templer aber überfiel in seiner tölpelhaften Kühnheit mit 170 Rittern die 7000 feindlichen Reiter und seine Schaar wurde bis auf zwei Mann aufgerieben; er selbst rettete sich zum Anstiften weiteren Unheils. Die Unterhandlungen wegen eines Waffenstillstandes mit Saladin waren zum Abschluß gekommen, als die ruchlose That Rainald's von Chatillon jede gütliche Auseinandersetzung abschnitt. Die drohende Nähe des allgemeinen Verderbens vereinigte endlich die feindlichen Parteien, Raimund und Veit versöhnten sich öffentlich und feierlich [15]. — Schon traf die Nachricht ein, daß Saladin Tiberias belagere, in welcher Stadt Raimund's Weib und vier Söhne nur von wenigen Truppen geschützt verweilten. Sofort wurde Kriegsrath gehalten, in dem Raimund in glänzender Rede auseinandersetzte, daß man nicht zur Entsetzung der Stadt marschiren dürfe; eine verlorene Stadt ließe sich wiedergewinnen, aber ein verlorenes Heer nicht, und das Heer sei verloren, wenn man sich in die wasserlosen Einöden von Tiberias wage, zumal bei der türkischen Gefechtsweise kaum eine schnelle Entscheidung erfolgen könne. Alles war einverstanden nicht nach Tiberias zu ziehen. Aber die Saat des Mißtrauens, der Schwäche und Thorheit ging auf: Als die

Berathung zu Ende war und alle das Zelt des Königs verlassen hatten, fand sich der Großmeister der Templer wieder ein und wußte den König noch in der Nacht umzustimmen. Der Ausmarsch erfolgte. Thorheit folgte auf Thorheit. Der 5. Juli 1187 brachte die blutige Entscheidung. Was nicht erschlagen das Schlachtfeld deckte, war gefangen, das heilige Kreuz verloren[16]), wenige entflohen, der König mit seinen nächsten Genossen, auch dem Großmeister der Templer, in Gefangenschaft. Raimund war entkommen[17]) und starb bald darauf in Tripolis. Nicht unsere Macht, konnte der Sultan schreiben, sondern ihre Frevel haben jenen den Untergang bereitet. Tiberias, Nazareth, Akkon ergaben sich, Thyrus wurde gerettet durch den tapferen Markgrafen Conrad den Jüngeren. Eine Stadt fiel nach der anderen, auch Askalon, wo Sibylle residirte, mußte sich schließlich ergeben; nach gescheiterten Unterhandlungen rückte Saladin zur Belagerung vor Jerusalem. Auf Anrathen des Patriarchen wurde die Stadt übergeben; am 3. October zog Saladin in Jerusalem ein. Sein Edelmuth hat sich bei der Handhabung der Capitulation nicht minder bewährt, wie der seiner Untergebenen. Die obdachlosen und kranken Christen Jerusalems finden die Thore der christlichen Städte verschlossen; ein mohammedanischer Statthalter hat im Sinn seines großherzigen Herrn gehandelt, als er für jene ihren Glaubensgenossen aus Venedig und Genua Geld zur Ueberfahrt und Verpflegung auszahlen ließ.

Capitel 2.

Die Vorbereitungen.

Nicht unerwartet, nicht ungeahnt hatte ein rasches Geschick fast den letzten Rest christlicher Herrschaft im Morgenland ereilt, schon mehr als eine Botschaft war nach dem christlichen Mutterland in Europa gekommen von der bedrängten Lage der mühsam gegründeten Tochterstaaten; schon hatte man vergebens ein bewährtes königliches Schwert zur Stütze des jerusalemitischen Thrones gesucht, lauter erschallten Mahn= und Hilferuf, bis endlich die Schreckensbotschaft die christliche Welt Europas aufschreckte: Papst Urban III. traf sie auf dem Sterbelager; sein Nachfolger Gregor VIII. warf sein höchstes Ansehen in die Wagschale, um Fürsten und Ritterschaft des Abendlandes zur Rettung des heiligen Grabes zu entsenden; drei Schreiben voll Feuer und Beredtsamkeit erließ er von Ferrara Ende October 1187 an die gesammte Christenheit; aber auch er mußte ins Grab sinken ohne das Bewußtsein, für die Stätte des Grabes Christi den Befreier erweckt zu haben. Clemens IV. griff das Werk mit neuem Eifer an; die ersten Saatkörner christlichen Befreiungseifers begannen zu keimen und zu sprossen. Zwei mächtige Könige des Abendlandes nahmen das Kreuz; aber noch befeindeten sie sich selbst in eifersüchtigen Kämpfen um die Herrschaft; der mächtigste Herrscher des christlichen Abendlandes, der Kaiser, fehlte. — Die erste bestimmte Kunde vom Verluste des heiligen Landes war ihm auf dem Reichstag zu Straßburg geworden im Jahre 1187. Hier waren zwei päpstliche Legaten in Vertretung des von Gregor zur Kreuzpredigt ernannten Kardinal=Bischofs Heinrich von Albano erschienen und stellten der zahlreichen Versammlung die unglückliche Lage der Glaubensgenossen im Orient dar. Ungehört verhallte ihr Wort. Da ergriff der Bischof von Straßburg, ein Mann aus dem deutschen Adel, das Wort und forderte in beredten Worten die Anwesenden auf, das Kreuz zu nehmen. Keiner trat aus der Versammlung hervor. Die hinreißende Begeisterung des ersten Zuges war vorüber, sie war erstickt unter den blutigen Geschicken ihrer Theilnehmer, erkaltet unter der Ueberzeugung, daß nur ein großes, gemeinsames Unternehmen unter einheitlicher, vertrefflicher Leitung einige Hoffnung auf Erfolg gewähren könne. Man war nicht mehr naiv genug zu glauben, daß ein Haufen gottbegeisterter Ritter alle Schwierigkeiten des Weges, alle Tücken der Griechen, alle Tapferkeit der Türken überwinden könne. Endlich nach langem, peinlichem Schweigen trat Ritter Siegfrid, ein reicher und tapferer Dienstmann Graf Albert's von Dachsburg, hervor und nahm das Kreuz. Das Beispiel wirkte wenigstens so viel, daß nun 500 Ritter und nicht wenige vom hohen Adel sich zum Heerdienst Christi meldeten. Der allgemeinen Erregung, dem Jammern und Klagen soll auch der Kaiser einige Thränen geweiht haben, aber zur Annahme des Kreuzes konnte sich Friedrich nach der Lage der Dinge nicht entschließen. Zwar war die Möglichkeit einer antikaiserlichen Coalition zwischen Erzbischof Philipp von Köln und Frankreich, den Welfen, Dänemark und England durch Urban's III. Tod fast beseitigt, zwar hatte Gregor in dem lebhaften Wunsch, den Kaiser für den Zug zu gewinnen, den Erzbischof so gut wie fallen lassen; aber der Kaiser konnte den Verhältnissen nicht trauen, solange der übermüthige Kölner ungebeugt stand und kein Gegengewicht gegen England und die Welfen geschaffen war. Dazu kam der Vergleich, den er zwischen den ungeheuren Mühseligkeiten des Marsches und seinem Alter anstellen mußte, endlich die Bedenken wegen des Erfolges und die fast gewisse Aussicht, daß ein derartiges Unternehmen das Ende seiner Thätigkeit sein werde[18]). — Nächst dem Bischof von Straßburg war es vorzugsweise der gebildete und beredte Bischof von Würzburg, Gotfried von Bisemberg, früher kaiserlicher Kanzler, der durch die Kraft seines Worts die Zahl der Kreuzträger vermehrte, bis der 27. März des folgenden Jahres die Blüthe der Fürsten und Ritter zum Reichstag in Mainz zusammenführte[19]).

Die Stellung des Kaisers war indeß eine bessere geworden. Schon im December 1187 hatte er durch eine Zusammenkunft mit Philipp August von Frankreich sich nach dieser Seite Deckung verschafft, und als Philipp von Köln vom päpstlichen Legaten dahin bedeutet wurde, daß Clemens seinetwegen den Zug des Kaisers nicht opfern wolle, schien auch nach dieser Seite freie Bahn geschaffen. Mit den Welfen mußte noch abgerechnet werden. Vor der glänzenden Versammlung zu Mainz erschien dann in Vertretung Heinrich's von Albano, der in Nord-Frankreich und in den Niederlanden thätig und der deutschen Sprache nicht mächtig war, der gelehrte Riculf von Stragow[20]) und setzte nach Verlesung des päpstlichen Schreibens nochmals ausführlich die entsetzliche Lage der Glaubensgenossen auseinander und suchte auf jede Weise die Gemüther der Anwesenden zu bewegen. Die beste Unterstützung fand er an Gotfried von Bisemberg; auch die Fürsten wünschten, daß der Kaiser das Kreuz nehme und nicht länger zögere. So ließ er sich denn, offenbar nicht ohne Bedenken, endlich dazu bestimmen, dem allgemeinen Wunsche nachzukommen und seinem thatenreichen Leben den würdigsten Abschluß zu verleihen[21]); er ließ sich von Gotfried das Kreuz aufheften und mit ihm sein Sohn Friedrich von Schwaben[22]) und viele der angesehensten geistlichen und weltlichen Fürsten und Ritter[23]). Bereits galt es für eine Schmach zurückzubleiben. Stürmische Gemüther verlangten sofortigen Aufbruch und eilten zum Theil, als ein weiterer Aufschub bekannt wurde, nach Italien, um zu Schiff das Land ihrer Sehnsucht zu erreichen. Der Kaiser, erfahren genug, um zu wissen, welche Vorbereitungen ein solches Unternehmen erforderte, ließ durch seine Fürsten den Aufbruch des ganzen Heeres auf nächstes Jahr verschieben. Zuerst mußte Ruhe und Friede im Reich geschafft werden. Der Kölner Erzbischof unterwarf sich. Der alte Widersacher Heinrich der Löwe wurde, da er die Theilnahme am Zug für sich und seinen Sohn ablehnte, durch Verbannung unschädlich gemacht. Dann erst konnte an die Vorbereitungen zum Zuge selbst gedacht werden. Das Erbübel der Kreuzzüge, das heimathlose Gesindel, das eine fromme Sache zum Deckmantel der Räuberei und des Vagabundirens nahm, wurde dadurch ausgeschlossen, daß ein kaiserliches Edict unter Androhung der Acht als Minimum des Besitzes für jeden Theilnehmer am Kreuzzuge drei Mark Silber festsetzte[24], während die Wohlhabenden sich mit Proviant und Geld nach Vermögen versehen sollten[25]. Die mangelnde Organisation des Reichs verhinderte die Ausschreibung eines Saladinszehnten, wie in Frankreich und England. Der Geist des Friedens und der Versöhnung war durch die Versammlung gegangen und breitete sich aus über ganz Deutschland und stärkte und läuterte ein stürmisches und verwildertes Geschlecht zum heiligsten Glaubensdrange. Der Kaiser ließ die nächsten Vorbereitungen zum Zuge sofort treffen, indem er nach Ungarn einen Gesandten schickte, der zugleich unterhandeln sollte wegen der Lieferung und der Preise der Fourage und des Proviants und welcher denn auch mittheilte, daß für 100 Rationen Pferdefutter ebenso wie für vier Ochsen der Preis auf eine Mark, also auf ungefähr 13 Thaler — nach unserem Geldwerth wohl das zwanzigfache — vereinbart sei. Ebenso ging auch nach Constantinopel ein Gesandter ab, wie nach Iconium Gotfried von Wiesenbach. Ostern des Jahres feierte der Kaiser in Gellnhausen. Um nichts unversucht zu lassen, da er wohl wußte, welche Gefahren allen auf dem bevorstehenden Zuge drohten, und wie wenig sicher die Erfolge desselben waren, schickte er den Grafen Heinrich von Dietz an Saladin, zunächst, um auf dem Wege der Unterhandlung das Gewünschte zu erlangen zu suchen, in andern Fall aber den Krieg zu erklären[26]. Der Sultan glaubte auf die

Vorschläge des Kaisers nicht eingehen zu können: mochte er für seine Person auch von größerer Connivenz gegen die kaiserlichen Vorschläge gewesen sein, so war er sicher nicht minder wie der Kaiser durch die religiösen Anschauungen seiner Umgebung eingeschränkt. Daß die Kriegsankündigung des Kaisers keine geringe Aufregung verbreitete, wissen wir aus den gleichzeitigen orientalischen Schriftstellern. Sommer und Herbst des Jahres 1188 hatte der Kaiser noch überall mit der Beruhigung des Reiches zu thun, insbesondere hatte er eine Anzahl Raubschlösser an der Weser zu brechen und auf dem Tage zu Goslar die Verhältnisse mit Heinrich dem Löwen zu ordnen. Der Winter des Jahres kam unter den weiteren Vorbereitungen, zu denen auch die Construction von Krankenwagen gehörte [27], heran und mit ihm die glänzende Reichsversammlung zu Nürnberg in der Christwoche [28], wo besonders die Verhandlungen mit den Griechen von der größten Wichtigkeit waren, da sich der Kaiser — vor allem wohl aus Mangel an Schiffen — für den Landweg entschieden hatte [29]. Mit der kaiserlichen Bekanntmachung, daß die Kreuzfahrer sich am Tage des heiligen Georg, 23. April, bei Regensburg versammeln und ihm anschließen sollten, war auch die letztere äußere Bestimmung getroffen.

Capitel 3.

Die Griechen und der Reichstag zu Nürnberg.

Das griechische Reich bietet in jenen Zeiten einen unerquicklichen und traurigen Anblick dar. Die Bedrängnisse von außen waren die mannigfaltigsten, ein Krieg folgte dem andern: Kaum waren die Normannen Siciliens und Italiens in irgend einer Weise abgefunden, so empörten sich die Serben und Bulgaren; harte Kämpfe mit Ungarn und Dalmatien waren zu bestehen; ihnen folgten wieder blutige Kämpfe mit den Türken. Nach Emanuels Tode 1180 häufte sein Nachfolger Andronikus zuerst unter dem Deckmantel der Regentschaft des unmündigen Alexius eine Schandthat auf die andere, nöthigte den Kaiser, das Todesurtheil seiner eigenen Mutter zu unterzeichnen und ließ diesen dann selbst auf das grausamste ermorden. Dieses ganze Getriebe ist unverständlich, wenn man die Verhältnisse des Reichs, insbesondere der Hauptstadt, nicht in Anschlag bringt. Die Fäulniß der ganzen Zustände hatte einen enormen Grad erreicht. Das kaiserliche Haus, wenn man überhaupt von einem solchen reden kann, war in vollständiger Abhängigkeit von der Armee, die aus den verschiedenartigsten Bestandtheilen und Nationalitäten zusammengewürfelt und gemiethet war; türkische, griechische, lateinische Befehlshaber suchten einander zu verdrängen, der Sold ersetzte die militärische Ehre, der Ehrgeiz der Führer nationales oder doch staatliches Bewußtsein. Im grellsten Gegensatz dazu stand die berüchtigte, charakterlose und niederträchtige Kriecherei der byzantinischen Höflinge. Die Bevölkerung der Hauptstadt zeigt dasselbe Gemisch wie die Seestädte Palästina's. Barbarische Horden waren bis in die Vorstädte Constantinopels gedrungen; die Kreuzfahrer hatten nicht ihre besten Elemente abgesetzt, ein großstädtischer Pöbel war herangewachsen, der keinem der modernen Hauptstädte nachsteht. Geld war auch hier die Losung wie bei der Armee. Die Verwaltung, die Rechtspflege waren vollständig durchbrochen durch die Privilegien, die man den massenweise zugewanderten Kauf- und Handelsleuten, insbesondere den Venetianern, auch Orientalen, hatte verleihen müssen. Das lateinische Element mehrte sich von Tag zu Tage, der Haß gegen die, welche unter der letzten Regierung so große Begünstigung erfahren hatten, wuchs, die grausame Behandlung, die die Lateiner von Andronikus erfuhren, veranlaßte grausame Repressalien.

Wie konnte aber nun ein Mensch wahrhaft königliches Ansehen genießen, der, wie Isaak Angelus seine Ernennung zum großen Theil einem zusammengelaufenen Pöbelhaufen zu verdanken hatte, den die hauptstädtische Straßenmenge halb und halb zur Kaiserwürde gepreßt hatte? Den Straßenkoth mußte der kaiserliche Purpur decken; von beiden hat denn auch der neue Kaiser Isaak Angelus genug an sich: Grausamkeit wechselt mit Schwäche, wahnsinniger Hochmuth mit unwürdiger Demüthigung. Das Glück begünstigte übrigens den Anfang seiner Regierung, tüchtige Feldherrn stellten das Ansehen des griechischen Kaisers wieder her, ich nenne neben Branas nur den trefflichen Konrad den Jüngeren, Markgrafen von Montferrat, den tapferen Vertheidiger von Tyrus. — Zunächst suchte der griechische Kaiser mit den Ungarn eine Verständigung. König Bela hatte sich bei der Ermordung Alexius' II., mit dessen Familie er in nahen verwandtschaftlichen Beziehungen stand, noch während der Regierungszeit des Andronikus in den Besitz von Nissa und Branitschewo gesetzt. Isaak leitete nun Unterhandlungen mit ihm ein und vermochte ihn gegen hohes Lösegeld dazu, jene serbischen Gebiete einer Tochter als Heirathsgut für ihn, den griechischen Kaiser, mitzugeben. Als aber die bis dahin von Abgaben freien Bulgaren und Walachen diese Summe aufbringen sollten, stellten sich ihre Fürsten an die Spitze eines Aufstandes und erklärten sich für unabhängig. Zwar mußten sie bei einem Angriffe Isaak's über die Grenze weichen; als sie aber unterstützt durch die tartarischen Horden der Cumanen zurückkehrten, gewannen sie immer mehr Boden, so daß ihnen Isaak schließlich eine gewisse Selbständigkeit zuerkennen mußte. Das war ungefähr die Lage, als der Grieche die Nachricht von Friedrich Barbarossa's Vorhaben erhielt, die ihn, wie die Verhältnisse standen, aufs äußerste beunruhigen mußte. Vergebens hatte ihm der Papst plausibel zu machen gesucht, daß beide Kaiser Saladin zum gemeinsamen Feind hätten; Isaak sah sich viel mehr durch Iconium bedroht, als durch Saladin; die Beziehungen zwischen Friedrich und Kilidsch Arslan mußten seinen Argwohn nur bestärken. Er war geneigt, Saladin viel eher für einen werthvollen Bundesgenossen gegen den Kaiser als für den gemeinsamen Feind zu halten. Weder die Stimmung der Bewohner seiner Hauptstadt, besonders der Lateiner, noch auch die Erfahrungen, die seine Vorgänger bei den früheren Kreuzzügen gemacht hatten, waren geeignet, dem an sich mißtrauischen Sinn des byzantinischen Kaisers das Vertrauen zu geben, daß Friedrich in loyaler Weise verfahren werde[30]). Zuerst also suchte er zuverlässige Nachrichten über die Stimmung und die Intentionen Friedrich's sich zu verschaffen und ihn in vertraulichen Unterhandlungen zu sondiren; er schickte daher zum Nürnberger Reichstag eine Gesandtschaft, an deren Spitze der Reichskanzler Johannes Dukas stand, ein Mann von großer Klugheit, Gewandtheit und Erfahrung. Die Unterhandlungen begannen damit, daß die Griechen den Verdacht ihres Kaisers zu verstehen gaben und in Aussicht stellten, wenn keine ausreichende Sicherheit und Auskunft in dieser Hinsicht von Seiten Friedrich's gegeben würde, ihr Kaiser den Kreuzfahrern den Marsch in jeder Weise erschweren werde; besonders würde er die bulgarischen Pässe besetzen und dem Heer jede erdenkliche Schwierigkeit bereiten. Als nun von Seiten Friedrich's beruhigende Erklärungen erfolgten, die nach dem damaligen Stand der Sitte und des Rechts durch die Eidschwüre der Herzöge von Schwaben und Oestreich und des Bischofs von Würzburg erhärtet wurden, erklärte sich die griechische Gesandtschaft für beauftragt, einen Freundschaftsvertrag mit dem Kaiser abzuschließen; sie beschwuren freien Durchzug und freies Geleite, auch daß für die Kreuzfahrer überall gegen angemessene Bezahlung Proviant und Fourage bereit sein, sowie Transportschiffe am Hellespont in ausreichender Menge gestellt werden sollten. Dagegen versprach der Kaiser eidlich durch drei Fürsten, daß er seinerseits beim Durchzug keine Gewaltthätigkeiten dulden und keinen Mißbrauch der eingeräumten Vortheile gestatten werde. Zugleich ordnete er den Griechen als Gesandtschaft bei den Grafen Rupert von Nassau und dessen Vetter Walrab, sowie den Grafen Heinrich den Jüngeren von Dietz, den Kämmerer Marquard und den Bischof von Münster. Aeußerlich mochte sich diese Erwiderung der Gesandtschaft als eine Courtoisie gegen den griechischen Kaiser darstellen, in Wirklichkeit hatte sie aber ohne Zweifel vor allem den Zweck, daß die Genannten über die Ausführung des Vertrags wachen, resp. dieselbe betreiben und beschleunigen helfen sollten. Gegen diese Maßregel konnte sich denn auch im weiteren Verlaufe der griechische Kaiser nur durch den eclatantesten Vertragsbruch und eine grobe Verletzung des Völkerrechts schützen, zumal wenn er dabei noch andere Zwecke zu erreichen hoffte. Auch der Sultan von Iconium hatte nach Nürnberg Gesandte geschickt im glänzendsten Aufzuge mit den besten Versprechungen. Der Großgraf von Serbien verfehlte ebenfalls nicht in einem höchst schmeichelhaften Schreiben seine Freude und Genugthuung darüber auszusprechen, daß es ihm vergönnt sei, den großen Kaiser in seiner Hauptstadt begrüßen zu können.

Capitel 4.

Der Aufbruch des Kaisers und der Marsch nach Philippopel.

Am 23. April des Jahres 1189 eröffnete der Kaiser den glänzenden Reichstag zu Regensburg, umgeben von den Fürsten des Reichs und unzähligen Rittern. Nachdem er noch das Nothwendigste verabredet und die dringendsten Anordnungen getroffen hatte, und sein Sohn Heinrich zum Reichsverweser ernannt worden war, erfolgte die Musterung der Truppen und der Aufbruch des Heeres am 11. Mai. Man nahm den Marsch an den Ufern der Donau entlang nach Wien zu, während der Kaiser zu Schiffe war. Schon auf dieser Fahrt mußte der Kaiser harte Strafen verhängen über die Bewohner von Mauthausen, einem Flecken gegen eine Meile donauabwärts von Linz, wo noch heute eine Schiffbrücke ist. Die Bewohner desselben wollten, wie sie es gewohnt waren, auch von den Kreuzfahrern einen Zoll, wohl von der Brücke, erheben, eine Forderung, die sie schwer büßen mußten. Am 15. Mai schloß sich in Passau dem Kaiser der Bischof dieser Stadt, Dietpold, und dessen Decan Tageno mit mehreren Chorherrn an. Der gastfreie Herzog Leopold von Oestreich, dem sein feindseliges Verhältniß mit Ungarn die Theilnahme am kaiserlichen Zug nicht gestattete, empfing den Kaiser und die Pilger mit großen Festlichkeiten und bewirthete sie, bis sie am 30. Mai die ungarische Grenze überschritten[31]. Bei Preßburg bezog dann der Kaiser ein Lager auf vier Tage, um zu warten, bis sich das ganze Heer gesammelt hätte und feierte das Pfingstfest daselbst. Die mannigfachsten Arbeiten füllten die Rast aus. Einzelne Streitigkeiten wurden beigelegt, Erkundigungen über den Weg eingezogen; vor allem aber eine Marsch- und Lagerordnung festgestellt, die wir leider nicht mehr besitzen. Alle diese kaiserlichen Erlasse mußten von den Kreuzfahrern beschworen werden, und zu ihrer Aufrechterhaltung wurden zeitweise Richter ernannt, die nach den beschworenen Bestimmungen die festgesetzten Strafen eintreten ließen. Trotz dieser scharfen Gesetze war es doch nicht ganz zu verhindern, daß hier und da Uebertretungen vorkamen. Es fanden Beleidigungen und Thätlichkeiten gegen die Ungarn statt, einzelne requirirten ohne Auftrag und Zahlung auf gewaltsame Weise und dergleichen Dinge mehr, wie sie die eiserne Zeit mit sich führte. Schwere Strafen an Leib und Leben vermochten nicht alle Unregelmäßigkeit zu verhindern und allen Beschwerden gerecht zu werden. Eine allgemeine Musterung des versammelten Kreuzheeres, das wohl 100,000 Mann stark war, und der Abschied von den ihn begleitenden Reichsfürsten schlossen diese letzte Pfingstfeier des Kaisers in Europa. Die vornehmsten Theilnehmer des Zuges sind: der Erzbischof von Tarantaise, die Bischöfe von Basel, Lüttich, Meißen, Osnabrück, Passau, Regensburg, Tull, Würzburg, der Abt von Admont, die Herzöge von Dalmatien und Meran und von Schwaben, die Markgrafen von Baden und Vohburg, die Grafen Abenberg, Altenburg, Aspremont, Bentheim, Berg, Dietz, Dillingen, Dornberg, Falkenstein, Hallermund, Helfenstein, Henneberg, Holland, Holstein, Königsberg, Kuhk, Kyburg, Liebenau, der Bruder des Grafen von Mant (Mons?) die Grafen von Nassau, Oettingen, Oldenburg, Saarbrück, Sain, Salm, Spanheim, Tolnstein, Veringen, Waldeck, Waldenberg, Burggraf von Magdeburg [32]. „Besonders zahlreich war die Betheiligung aus Schwaben, wo die stattliche Lehens- und Dienstmannschaft der Staufer größtentheils das Kreuz genommen haben wird, und aus Baiern, wenn auch in diesem Lande die Unmündigkeit des eben regierenden Herzogs Ludwig einerseits die ganze Wittelsbachische Ministerialität, andererseits einige aufstrebende Bischöfe zurückgehalten zu haben scheint [33]."

Auch eine Gesandtschaft König Bela's [34] war mittlerweile angekommen, um den Kaiser zu begrüßen und zu geleiten, bis dieser selbst und seine Gemahlin Margaretha, Schwester des französischen Königs, ihm in der Nähe von Gran am 4. Juni entgegenkamen und ihn mit Freundlichkeit und Geschenken überhäuften. Bela mochte vielleicht nicht ohne Besorgniß sein im Hinblick auf die große Schaar der Kreuzfahrer, indeß sah er wohl, daß zunächst kein Grund vorlag, den Kaiser nicht mit aller Freundlichkeit zu behandeln, zumal er gewiß mit seinem Schwager, dem französischen König, über den Zug verhandelt hatte [35]. Selbst gegen die Kreuzfahrer bewies er sich freundlich, indem er reichlich Proviant lieferte; ja den minder bemittelten ließ er unentgeltlich aus zwei Getreidemagazinen zu Gran [36] das nothwendigste zutheilen; freilich mußten die andern alles um so theurer bezahlen, indem die Ungarn das deutsche Geld nur zu einem sehr niedrigen Curse annahmen.

Die Verlobung des kaiserlichen Sohnes mit Bela's Tochter, die schon früher in Aussicht genommen war, befestigte das gute Verhältniß beider nur. Eine zweitägige Jagd auf der großen Donauinsel bei Gran machte den Schluß der Festlichkeiten. Das Kreuzheer brach dann auf, geleitet und unterstützt durch eine bedeutende Schaar von Ungarn, marschirte langsam durch Ungarn auf dem rechten Donauufer, bis es zur Drau kam, die nur unter großen Schwierigkeiten und nicht ohne Verlust an Menschen und Pferden, wahrscheinlich in der Nähe von Esseg überschritten werden konnte, von wo aus man dann südlich vom Fruschka-Gebirge die Straße nach Mitrowicz zog. Den Johannestag feierten die Kreuzfahrer in St. Georgen, wohl das heutige Tschalma, das eine Meile entfernt ist von Francavilla, dem alten Budalia, dem heutigen Manghelos, wo der Kaiser Decius geboren ist[37]). Nach einem Marsche von zwei Meilen gelangte man nach Sirmium, dem heutigen Mitrowicz, am 28. Juni, eine Stadt, in der einst Kaiser Probus von seinen mißvergnügten Soldaten ermordet worden war[38]). Am Vorabend[39]) des Peter-Paulstages wurde ohne Verlust die Sau überschritten, dicht an ihrer Mündung in die Donau, und das Fest der Apostel selbst am 29. Juni in Belgrad begangen. Hier versammelte der Kaiser die Fürsten- und Ritter um sich und bestrafte zwei Elsässische Ritter, die den Landfrieden verletzt hatten mit dem Tode, und musterte sein Heer[40]). Während dieser Rast starb hier der tapfere Graf Engelbert von Berg[41]). Der Marsch ging dann weiter über die ungarische Grenze nach Serbien und Bulgarien hinein, denn zu jener Zeit herrschten die Bulgaren bis zur Morawa, und erst westlich von diesem Fluß begann das serbische Gebiet. Am 2. Juli gelangte man theils mit Benutzung der Flüsse, theils zu Land durch das bulgarische Waldgebirge nach Brandiz oder Branitschewo, eine Stadt, deren Trümmer als Branitza drei Meilen von der Donau ab an dem Nebenfluß derselben, am rechten Ufer der Mlava zu finden sind[42]). Branitschewo gehörte seit 1186 wieder den Griechen, da es der König Bela, wie bereits oben erwähnt, vertragsweise an den griechischen Kaiser überlassen hatte, welcher die Stadt jetzt durch einen Statthalter verwalten ließ. Dieser, der sogenannte Herzog von Brandiz, trieb denn mit Jedermann das hinterlistige Spiel seines Herrn, bis im Anfang der neunziger Jahre die Stadt von den Serben erobert wurde. Alle bis dahin mitgenommenen Schiffe gab der Kaiser, da er sie nicht mehr gebrauchen konnte, an den König von Ungarn, der ihm dafür eine große Anzahl von Wagen und Getreide überließ. Schon stieß wieder neuer Zuwachs in dem bereits erwähnten Erzbischof von Tarantaise zum kaiserlichen Heer. Nachdem der Kaiser neue Beweise der Treue des ungarischen Königs empfangen hatte, ließ er am 15. Juli die Truppen aus Branitschewo ausmarschiren. Und damit beginnt eine Reihe von Leiden und Mühseligkeiten aller Art für die Kreuzfahrer. Die schlechten Wege durch die bulgarischen Waldgebirge fanden ihre beste Unterstützung in den raublustigen Bewohnern und den treulosen Griechen, die nun ungescheut dem christlichen Heer alle nur erdenklichen Schwierigkeiten in den Weg legten; zum Glück hatte man in den Ungarn entschlossene, wegkundige und im Ganzen zuverlässige Führer; aber doch konnte nicht gehindert werden, daß die verrätherischen Griechen und Griechengenossen, als Serben, Bulgaren, Walachen, aus dem Hinterhalt vergiftete Pfeile gebrauchten und Bewaffnete wie Unbewaffnete im Lager, auf dem Marsch, beim Fouragiren in jeder Weise belästigten. Einige, die ergriffen worden waren, sagten denn auch aus, daß sie auf Befehl ihres Herrn, des griechischen Statthalters in Branitschewo, gehandelt hätten, was sie freilich nicht vor dem Strick schützte. Das Heer hatte seinen Marsch durch das Thal der Mlava, am rechten Ufer derselben, an den südlichen Abhängen des Gebirges her genommen und gelangte da zuerst nach der Stadt Rabnel im Thal der oberen Mlava[43]), wo Gesandte des Königs von Ungarn erschienen, um seinen Schwiegersohn, den griechischen Kaiser zu entschuldigen, weil er Friedrich noch nicht begrüßt habe. Er sei nämlich mit der Belagerung Philadelphia's in Klein-Asien beschäftigt. Außerdem zeigten die Gesandten an, daß ein Zug deutscher Kreuzfahrer, die zu Friedrich's Heer stoßen wollten, die ungarische Grenze überschritten hätte.

Unterdeß enthüllten sich die Schleichwege der Griechen immer mehr[44]). Es erschien ein Abgesandter des byzantinischen Kanzlers mit einem Brief, in dem ausgesprochen wurde, daß man sich wundere, daß Friedrich nicht einmal durch besondere Gesandte seine und seines

Heeres Ankunft notificirt habe, daher sei denn auch der schlechte Empfang erklärlich. Friedrich antwortete dem Abgesandten einfach und kurz, daß und wen er als Gesandte geschickt habe. Auch erhielt der Kaiser von diesen einen Brief, in welchem sie mittheilten, daß sie nach großen Mühseligkeiten bis in die Nähe Constantinopels vorgedrungen seien und dort warten müßten, denn der griechische Kaiser sei abwesend. Zur selben Zeit kamen auch Gesandte des Großgrafen von Serbien und Rascien, Raizenland, um den Kaiser davon zu benachrichtigen, daß er und sein Bruder ihn bewillkommnen und ihm ihre Ehrerbietung und Unterwürfigkeit beweisen wollten. Endlich gelangte das Heer nach Nissa, am gleichnamigen Flusse, der Geburtsstadt Constantins des Großen. Hier wurde ein paar Tage gerastet und während dieser Rast stellten sich, wie vorausbestimmt war, die serbischen Fürsten bei dem Kaiser ein.

Wie das ganze Land, in sieben Zupanis oder Grafschaften getheilt, die einen Groß-Schupan anerkannten, schon lange in zweifelhafter Abhängigkeit von dem griechischen Kaiser gewesen war, so hielt der thatkräftige Großgraf Nemanja I. es damals für den geeignetsten Zeitpunkt, sich wie andere slavische Fürsten unter die Oberlehnsherrlichkeit des römisch-deutschen Kaisers zu stellen. Einmal war der Byzantiner überhaupt zu sehr discreditirt, sodann mochte es dem serbischen Fürsten angenehmer erscheinen, in Abhängigkeit zu stehen von dem weit entfernten römischen Kaiser; vor allem schien ihm aber dieser Zeitpunkt ganz besonders geeignet für die Ausführung seiner hochfliegenden Pläne. Des Kaisers Stimmung gegen Constantinopel mußte ihm bekannt sein, die Griechen waren noch mehr in Bedrängniß wie gewöhnlich; das freundliche Entgegenkommen des Serben mußte Friedrich einnehmen, er mußte einen solchen Freund und Bundesgenossen unter all den Verräthern zu schätzen wissen, kurz Nemanja zweifelte nicht an dem Erfolg. So erschien er mit seinem Bruder Craziner — der dritte Bruder Miroslav wohnte der Gesandtschaft nicht bei — in Nissa vor dem Kaiser, am 27. Juli, gab an ihn und seine Verwandten und Gefolge die reichlichsten Geschenke und that ihm kund, daß auch er und seine Serben gern mit dem ruhmwürdigen Kaiser fechten würden gegen den treulosen Byzantiner, und daß sie das neueroberte Gebiet von Sofia bis Nissa, welche Stadt selbst dazu gehörte, mit allem Uebrigen dem Kaiser als Lehen aufzutragen und ihm den Lehenseid zu schwören bereit wären [45]). Der Kaiser, der natürlich die Pläne Nemanja's durchschaute und sich in neue Verwicklungen ohne die drängendste Nothwendigkeit nicht einlassen wollte, wußte sehr wohl, was er von einem solchen Lehensverhältnisse zu halten hatte und glaubte sich zunächst noch stark genug, um sich allein freie Bahn zu schaffen. Er gab ihnen also nach den herzlichsten Dankesversicherungen zur Antwort, er habe sein Schwert gegen Ungläubige gezogen und nicht gegen die Griechen, aber, fügte er ihnen als Anknüpfungspunkt für Hoffnungen auf die Zukunft hinzu, verletzten diese den Vertrag und würden seine Leute von den Griechen überfallen, dann würde er sie wie die Ungläubigen behandeln. Damit mußten sich die Fürsten denn begnügen und brachten den zweiten Gegenstand der Verhandlung vor. Schon im Anfang des Jahres hatten zwischen Nemanja und Herzog Berthold von Dalmatien, der auch den Kreuzzug mitmachte, Unterhandlungen stattgefunden wegen der Verheirathung von Nemanja's Sohn Tohu mit Berthold's Tochter. Der Herzog von Dalmatien war auch darauf eingegangen unter der Bedingung, daß Tohu's und seiner Tochter Nachkommen in der Erbfolge den Brüdern Nemanja's vorangehen sollten, womit diese sich einverstanden erklärt hatten. Die Sache wurde nun dem Kaiser vorgelegt und derselbe hatte keinen Grund, sich nach einer Rücksprache mit den Fürsten gegen das Project zu erklären [46]). Dieses Heirathsproject gewinnt besondere Bedeutung durch die intimen und verwandtschaftlichen Beziehungen des Herzogs zu dem Kaiser; bedenkt man, daß die venetianische Politik schon damals notorisch auf die Erwerbung der Ostküsten des adriatischen und jonischen Meeres gerichtet war, so erscheint die Entscheidung des Kaisers für den Landweg in einem neuen bedeutsamen Lichte. — Gleichzeitig erschienen auch Nemanja's Bundesgenossen, der Walache Kalopeter und sein Bruder Assan, deren Empörung ich bereits oben erwähnt habe, vor dem Kaiser. Sie sind die Begründer des neuen bulgarisch-walachischen Reichs, das Isaak noch im Jahre 1189 anerkennen mußte; auch sie entboten dem Kaiser ihren Gruß und sprachen den lebhaften Wunsch aus, mit dem Kaiser in ein näheres Verhältniß zu treten [47]). Auch ein Abgesandter und Vetter des griechischen Kaisers stellte sich wiederum ein, begrüßte den Kaiser und wiederholte die alten Versprechungen;

freilich müsse der Kaiser auch für friedlichen Durchzug sorgen. Ferner zeigte er an, daß ihn sein Kaiser angewiesen habe, gegen die aufrührerischen serbischen Fürsten die bulgarischen Pässe zu besetzen; nur möge Friedrich deshalb keinen Verdacht hegen. Ein deutlicherer Wink konnte in diplomatischer Form dem Kaiser für die serbischen und bulgarischen Verhandlungen nicht wohl gegeben werden. Uebrigens sprach er beständig von herzlichem Verhältniß und log. Man kann es natürlich dem Griechen durchaus nicht verdenken, daß er vor allem verhindern wollte, daß der Kaiser mit Serben und Bulgaren gemeinsame Sache mache; nur vergriff er sich durchaus in seinen Maßregeln, weil er das Terrain der Verhandlungen zu schlecht kannte. Wenn er sich durch jene Bemerkungen wohlunterrichtet zeigen wollte, so muß das doch für seine Stellung als zu trivial bezeichnet werden, wollte er den Kaiser schrecken und ihn vom Bündniß abhalten, so war das vollkommen sinnlos, denn einestheils war der Kaiser klug genug, die Motive der Serben zu durchschauen, anderentheils wußte er überhaupt die Verhandlungen in einem Stadium zu erhalten, das ihm das Zurückgreifen auf frühere Vorschläge ermöglichte. So stellte sich der ganze Kniff als eine taktlose Drohung heraus, die den Kaiser nur vorsichtiger machen mußte, wie sich aus den nächsten Maßregeln desselben auch deutlich ergibt.

Während des viertägigen Aufenthalts zu Nissa hatte der Kaiser Kunde davon erhalten, daß Troßknechte und Knappen beim Fouragiren sich gegen die beschworenen Gesetze vergangen hatten, besonders hatten sie Honig und allerlei Gemüse weggenommen. Die Ritter und Soldaten wurden zusammengerufen, und in einer ernsten Rede setzte ihnen der Bischof von Würzburg auseinander, wie unter solchen Ausschreitungen das Ansehen und der Ruf des Heeres leide; der Kaiser selbst nahm einzelne vor und machte sie für die Zügellosigkeit ihrer Diener verantwortlich. Dann dachte man an den Aufbruch, und da man nach all diesen Vorgängen nichts Gutes zu erwarten hatte, ergriff der Kaiser die nothwendigen Vorsichtsmaßregeln, auf die bereits oben hingedeutet worden ist. Er theilte vorläufig das ganze Heer in vier Colonnen. An die Spitze der ersten Colonne stellte er nach altem Reichsrecht den Herzog von Schwaben, ihm zugetheilt wurden der Bischof von Regensburg, die Markgrafen von Voburg und Baden, fünf schwäbische und vier bairische Grafen mit ihren Leuten. Bannerträger war Graf Berthold von Neuenburg. Der zweite Haufen bestand aus Ungarn und Böhmen, von denen jede Nation ihren Bannerträger hatte. Die dritte Colonne commandirte der Herzog von Dalmatien; ihr waren zugetheilt die Bischöfe von Würzburg, Lüttich, Passau, Basel, Münster und Osnabrück, der Bannerträger war der Herzog Berthold. Der Bischof von Würzburg hatte als Herzog von Ostfranken einen eigenen Bannerträger, den Grafen Poppo von Henneberg. Die vierte Colonne befehligte der Kaiser selbst, zu ihr gehörten der Erzbischof von Tarantaise, der Bischof von Meißen, der Graf von Holland und sein Bruder und ungefähr sechzehn Grafen mit dem Rest des Heeres; hier wurde zum Bannerträger Rupert von Nassau gewählt. Eine fünfte Colonne wurde bei Philippopel aus den Fußtruppen und brauchbaren Troßknechten gebildet. So brach man denn im vollen Vertrauen auf Gott, die eigene Kraft und die bewährte kaiserliche Führung auf, um zunächst in südöstlicher Richtung Sofia zu gewinnen. Die Marschroute mußte sich da zunächst der Nissava anschließen, die ein schmales, von Höhen durchsetztes Thal zwischen den serbischen Grenzbergen und den bulgarischen Waldhöhen durchfließt. Immer enger wurde der Weg, immer gefährlicher der Marsch bis gegen die Quellen der Nissava zu; Schlucht um Schlucht, Höhe auf Höhe mußten unter den größten Schwierigkeiten gewonnen werden. Dazu kam, daß die schwierigsten Stellen feindlich besetzt waren. Besonders waren es drei Punkte, welche die Bulgaren durch Verhaue und Mauerwerk unzugänglich gemacht hatten und die erst von der Avantgarde nicht ohne Verluste forcirt werden mußten. Aber nicht diese allein hatte beständig Marschschwierigkeiten und feindliche Ueberfälle zugleich zu überwinden; das ganze Heer wurde fortwährend zu beiden Seiten von den feindlich gesinnten und aufgereizten Bewohnern und wohl auch griechischen Truppen, die fast immer Deckung durch den Wald hatten, beunruhigt, insbesondere durch vergiftete Pfeile belästigt. Auch mußte ja für das ganze Heer fouragirt und requirirt werden, eine Aufgabe, die an sich schon durch das Terrain und die geringe Fruchtbarkeit erschwert war. Aller mußte sich so ein ingrimmiger Haß gegen die ruhelosen Angreifer bemächtigen, und wo einer ergriffen wurde, gab es keinen Pardon. Die Hinteren im Zuge hatten nicht selten die Genugthuung, die Zeichen des vorausgegangenen Strafgerichts zu sehen und sich an dem Anblick der den Weg entlang aufgeknüpften Feinde zu erfreuen. So hatte eines Abends bei der Arrieregarde der dritten Colonne Herzog Berthold mit zwölf Rittern die Wache, als er sich plötzlich von einer Anzahl von ungefähr hundert Mann angegriffen sah; in einem kurzen heftigen Kampf wurden die Bulgaren von den besser gerüsteten und befehligten Rittern geschlagen, und über vierzig Verwundete verbargen sich in der nächsten Waldschlucht; sie wurden zum Theil hervorgezogen und jeder Ritter band nun zwei Verwundete an den Schwanz seines Pferdes fest und schleifte sie zum Lager, wo sie alle vierundzwanzig[48] an den Füßen aufgehängt wurden wie Wölfe. Gleich bei der Erstürmung des ersten Verhaus hatten die Christen den tapfern Ritter von Hals[49] aus der Diöcese Passau eingebüßt. Die Berichterstatter wissen noch manche Einzelthaten wie die obige zu erzählen; so hatte der Vogt Friedrich von Perg einen auf einem Baum sitzen sehen, der fortwährend die Vorüberziehenden beschoß; er schoß ihn herunter und hing ihn an demselben Baum auf, daß er nicht wieder herunter konnte; ebenso erging es noch sechs andern. Und als der Graf Sayn aufs heftigste von einer Anzahl Bulgaren überfallen worden war und hart in die Enge kam, stürzten sich auch noch einige auf einen verwundeten Ritter, der in einer Sänfte daher getragen wurde; dieser achtete seiner Wunden nicht, sprang auf, schlug einen zu Boden, verjagte die andern und legte sich dann wieder nieder. Der Abt Eisenreich von Admunt war den Mühen des Marsches erlegen. Endlich gelangten die Kreuzfahrer nach einem vierzehntägigen, gefährlichen und äußerst anstrengenden Marsch, auf dem sie kaum 25 Meilen zurückgelegt hatten, am 13. August[50] in Sofia an. Diese Stadt, das alte Sardica, an den drei Flüssen Isker, Bojana und Lipowitza, liegt mitten in einer von den Gebirgsmassen kreisförmig eingeengten, fruchtbaren Ebene und schien die Erschöpften anzulocken[51]. Aber statt der Erquickungen traf sie nur neue Noth. Die Griechen hatten offenbar ihren Eid gebrochen; die Stadt war auf Befehl des griechischen Statthalters, des mehrfach erwähnten sogenannten Herzogs von Brandiz, verlassen; alle Vorräthe waren verschwunden, nur kahle Mauern und öde Straßen empfingen die erschöpften Gottesstreiter; ein allgemeiner Sturm des bittersten Unwillens brach los. Nur neue und größere Schwierigkeiten erwarteten sie. Am 14. August brachen sie wieder auf; sie hatten wenigstens die Freude neuen Zuwachs zu erhalten, liebe Landsleute und Streitgenossen begrüßen zu können: Bischof Peter von Tull und Gutbert von Aspremont mit einer beträchtlichen Anzahl von Rittern stießen zu ihnen. Durch das enge Thal des Isker führte der Marsch zu den Quellen des Vid, jenseits dessen die Höhe des westlichen Hämus überschritten werden mußte. Dort liegt in den Bergen, deren steile Klippen und sehr tiefe Abgründe kaum einen Zugang gestatten, ein Engpaß, die sogenannte Trajanspforte, jetzt Kapali Derbend genannt, mit einem Fort, beide auch nach dem ganzen Bergrücken als Wasilitza oder Klissura S. Basilii (etymologisch dasselbe) bezeichnet. Hier hatten sich die Feinde festgesetzt und den Paß durch alle möglichen Vorkehrungen noch unzugänglicher gemacht. Die Spione des Herzogs von Schwaben hatten auch mehr als 500 griechische Soldaten darunter erkannt, die aber sehr besorgt gewesen zu sein scheinen, sich rechtzeitig in Sicherheit zu bringen. Der Paß wurde erstürmt und der Uebergang am 20. August bewerkstelligt[52]). Vor ihnen breitete sich die herrliche Ebene der Maritza aus, Bulgarien mit seinen ungastlichen Wegen und Leuten war überwunden. Die fruchtbare Ebene[53]) bot Wasser, Wein und jede Nahrung im Ueberfluß. Am Bartholomäustage sahen sie Philippopel vor sich liegen.

Capitel 5.

Die Winterquartiere.

Während die Kreuzfahrer sich so dem ersehnten Ziele näherten, herrschte bei den Griechen das gewohnte Schwanken, wie es Schwäche, Treulosigkeit und Feigheit im Gefolge haben. Zwar versuchten sie dem Kaiser auf jede Weise den Zug zu der Stadt zu verwehren, aber, sagt ein gleichzeitiger byzantinischer Geschichtschreiber, sie waren ihm so wenig hinderlich, daß er ohne Mühe durch sie seinen Weg zog, und was noch das Possierlichste war, er nahm einen ganz andern Weg und kam nach Philippopel. Wegen der Stadt selbst empfing der Commandant derselben, eben jener Geschichtschreiber Nicetas, jeden Tag einen andern Befehl; einmal sollte er die Stadt befestigen und vertheidigen, das anderemal sie verlassen und die Festungswerke schleifen; ehe eins von beiden auch nur nothdürftig hatte ausgeführt werden können, war der Kaiser da. Wie sich sonach nicht anders erwarten läßt, fanden die Kreuzfahrer die Stadt bis auf die untersten Klassen der Bevölkerung und die armenischen Christen verlassen und schlugen in der Nähe ein Lager auf. Am folgenden Tage, also am 25. August, erschien bei dem Kaiser der ungarische Graf, den er schon früher als Unterhändler nach Constantinopel hatte abgehen lassen, nebst einem griechischen Gesandten, der einen Brief von Isaak Angelus überbrachte. Zugleich erfuhr der Kaiser das Schicksal seiner eignen Gesandten. Isaak hatte sie zwar empfangen und bewirthet; als sie aber auf die Ausführung des Versprochenen drängten, und als die Gesandten Saladin's, die mittlerweile angekommen waren, das Ohr des Kaisers sich geneigt zu machen gewußt hatten, stand seiner Treulosigkeit nicht mehr Furcht und Feigheit entgegen. Er ließ die Gesandten ergreifen und in Ketten werfen, um sie als unfreiwillige Geiseln für des Kaisers Loyalität zu gebrauchen, und schickte Boten auf Boten an seine Statthalter, Friedrich und sein Heer nicht über die bulgarische Grenze gelangen zu lassen, wie er das wohl auch mit Saladin stipulirt haben mochte. Das hatte nun nicht verhindert werden können, deshalb sah er sich gezwungen in gewohnter Weise zu verhandeln. Isaak theilte dem Kaiser, den er übrigens in seiner thörichten Anmaßung und in lächerlichem Hochmuth schon in der Form verletzte, in dem Briefe zunächst mit, daß er von den Königen von England und Frankreich und dem Herzog von Brandiz die Nachricht habe, Friedrich beabsichtige seinen Sohn zum Herrn des griechischen Reichs zu machen. Auch hege er gegründeten Verdacht wegen seines Verhältnisses zu den serbischen Fürsten. Er verlangt dann Geiseln dafür, daß der Kaiser friedlichen Durchzug halten wolle und verspricht natürlich zum Schluß zum so und so vielten Male Transportschiffe, Geleit und Proviant. Endlich verlangte er noch die Hälfte des syrischen Landes, wenn es der Kaiser den Türken abnehmen werde. Es gibt nichts, was charakteristischer wäre für die Gesinnung des griechischen Kaisers und seine Politik als dieser Brief. Die Ver=

anlassung zu diesem Schreiben ist einestheils eine gewisse Besorgniß, die ihn ergriffen hatte wegen der schnöden Behandlung der kaiserlichen Gesandten, anderntheils das Bestreben, sich nicht blos nach der einen Seite hin vertragsmäßige Vortheile zu verschaffen, sondern wo möglich nach allen Seiten zu decken. Nun ließ es schon sein alberner byzantinischer Hochmuth nicht zu, wenigstens der Form nach vorsichtig zu sein; er schleudert dem Kaiser unbedenklich seinen Kaisertitel entgegen und fährt dann sogleich mit der höchst ungeschickten diplomatischen Flunkerei fort, daß er seine Nachrichten vom König von England und Frankreich habe; fast scheint es, als wolle er damit nach Kinder Art dem alten Kaiser bange machen; allerdings brauchte er bei der Schwierigkeit des Verkehrs kein Dementi zu fürchten. Dabei war er thöricht genug, gleich hinterher die wahre Quelle zu nennen, wie das die Art leichtsinniger Intriguanten und Lügner ist, und wie ihm das auch in einem Brief an Saladin passirte, in welchem er zuerst in großsprecherischer Weise sagt, daß das Kreuzheer so gut wie vernichtet wäre; zum Schluß aber drängte sich wieder ein Fünkchen Wahrheit durch in dem Vorwurf, daß er sich Saladin's wegen alle Vortheile verschlagen und nur den Haß der Franken auf sich geladen habe. — Daß Isaak Grund hatte, der Serben und Bulgaren wegen mißtrauisch zu sein, haben wir bereits oben gesehen; nur ist auch hier wieder die Form der Mittheilung durchaus nicht dem Zweck entsprechend, denn sie spricht nur einen unangenehmen Verdacht ohne das geringste Beweismittel aus und erinnert allzu sehr an die schlechteste Seite moderner Schreib-Diplomatie. Daß er dem Kaiser dergleichen unterschob, um selbst sein vertragsbrüchiges Benehmen zu beschönigen, läßt sich nur ahnen. Seinen alten Versicherungen fügt er schließlich noch unverschämte Forderungen hinzu.

Daß der Grieche gerade jetzt erst dazu überging, vom Kaiser einen Theil des eroberten Landes zu verlangen, mag unter anderm seinen Grund darin haben, daß er sich vor allem in seiner Hoffnung getäuscht sah, der Kaiser werde an den ihm bereiteten Schwierigkeiten scheitern; er sah sich ihm im Gegentheil schon recht nah. Andrerseits mochte ihm die Stimmung Saladin's und der übrigen Mohammedaner nicht entgangen sein, daß nämlich eine gewisse Furcht vor dem Kaiser sie zu den Verhandlungen mit den verachteten Griechen trieb, und daß dem

Siege der Türken das Beiseitewerfen jeder griechischen Forderung auf dem Fuße folgen werde. Jedenfalls, meinte der kluge Grieche, könne ein derartiges Präservativ nicht schaden [34]). Friedrich lehnte alle Verhandlungen ab, so lange seine Gesandten in Haft gehalten würden. Am 26. August rückten Alle in die Stadt ein und bezogen unter Hurrah ihre Quartiere, die zwar von Menschen leer, aber voll versteckter Vorräthe waren. Der zerstörte Stadtwall war schnell wieder hergestellt. Jeder richtete sich häuslich ein und wußte mit Soldatenblick schnell zu finden, was die Hausbesitzer in oberflächliche Sicherheit gebracht hatten. Sie vertauschten das Schwert mit dem Winzermesser, zogen in die Weinberge, brachten die Trauben ein, kelterten den edlen Rebensaft und speicherten ihn auf wie in der fernen Heimath. — Alle Nachrichten, auch die des griechischen Berichterstatters, vereinigen sich durchaus dahin, die halben Maßregeln des griechischen Kaisers zu beweisen, die Furcht erregen und doch wieder nicht direct feindlich erscheinen sollen. „Aber sie erweckten bei den Kreuzfahrern nicht Furcht und Zurückhaltung, sondern Grimm und Erbitterung."

Das griechische Heer, dessen beste Truppe die gemietheten Alanen waren, unter dem Commando des kaiserlichen Neffen Manuel Kamytzes, hatte schon vor Philippopel dem Kaiser entgegengestanden, verlegte jetzt aber ungefähr drei Meilen von dieser Stadt entfernt den Weg nach Adrianopel, zwar nicht, „um uns anzugreifen, sondern heimlich unser Heer zu beobachten". Durch armenische Christen, die hier wie bei allen späteren Gelegenheiten große Anhänglichkeit und Treue für die christliche Sache bewiesen, erfuhr nun der Herzog von Schwaben, daß der Befehlshaber des griechischen Heeres selbst einen Streifzug gegen die Kreuzfahrer zu unternehmen gedenke und in der Frühe des nächsten Tages über die Herumstreifenden und Zerstreuten herfallen wolle. Deshalb brach der Herzog gegen Morgen mit einer auserlesenen Schaar Ritter gegen jenes Streifcorps auf, verfehlte es aber und gelangte unbemerkt bis zum griechischen Lager. Als der Herzog sah, daß er Manuel im Rücken habe, kehrte er um, und als er mit seiner Schaar einen der nächsten Hügel herabkam, sahen sie die Griechen, warfen sich auf sie und tödteten 500 alanische Söldner, unter ihnen den Standartenträger Theodor, Sohn des berühmten Branas. Die Griechen ergriffen wie gewöhnlich die Flucht, allen voran ihr würdiger Feldherr Manuel selbst. Nach diesem kleinen Streifzug, der die Griechen in noch respectvollere Entfernung brachte, beschloß der Kaiser sich in den Besitz der wichtigen Stadt Beroë zu setzen und beauftragte mit der Eroberung derselben seinen Sohn und Herzog Berthold. Diese griechische Stadt, am Südabhange des Hämus gelegen, oft in der byzantinischen Geschichte genannt, war stark befestigt und lag ungefähr zehn Meilen von Philippopel nach Nord-Osten auf der Straße, die nach Anchialos am schwarzen Meer führt, unweit des Flusses Tundscha, wohl in der Nähe des heutigen Eski Sagra [55]). Als der Herzog vor den Mauern der Stadt stand und eben die Angriffscolonnen formiren ließ, sah er, wie Bewaffnete aus den Thoren der Stadt kamen und sich aufstellten, als ob sie selber den Angriff aufnehmen wollten. Sie besannen sich indeß eines bessern, als ein Haufe Troßknechte und Knappen schreiend auf sie losstürzte, eilten in die Stadt und verließen sie auf der entgegengesetzten Seite, um sich ins Gebirge zu retten. Futter, Getreide, Wein, Groß- und Kleinvieh, dazu eine große Menge von Kleidungsstücken fielen den Einrückenden als leichte und reiche Beute zu. Nach viertägigem Aufenthalt konnten sie, mit Zurücklassung einer Besatzung, auf's Reichlichste beladen nach Philippopel zurückkehren und die Vorräthe daselbst vermehren. Da dem Kaiser nichts Anderes übrig blieb, als sich zwangsweise zu verproviantiren und es kein wirksameres Mittel gab, den Griechen zur Vertragserfüllung und Entlassung der deutschen Gesandten zu bewegen — so hatte sich der Grieche in seiner Berechnung getäuscht — so wurden nach allen Richtungen Kriegszüge unternommen, um in den Besitz der nächstliegenden Städte und Burgen zu kommen, und von diesen festen Punkten und Standquartieren aus die reiche Ebene der Maritza auszunutzen. So eroberte der tapfere und rastlose Marschall Heinrich von Kalden [56]) die Festung Scribention, heutzutage Sopot, 7½ Meile gerade nördlich von Philippopel in einem von den Zweigen des Hämus gebildeten Thale am Flusse Raschka, noch heute ein ansehnlicher Flecken mit Bulgaro-Slowenischen Bewohnern und den Ruinen des alten Schlosses [57]); das eine Viertelstunde Weges nördlich über dem Städtchen am Abhange des Hämus gelegene, gleichnamige bulgarische Kloster, das noch heute besteht, wurde ebenfalls genommen und eine kleine Besatzung hineingelegt. Den Abt, einen Irländer, nahm der Kaiser auf's Freundlichste auf und bewirthete ihn. Mehr Widerstand fand der Marschall des Bischofs von Passau, der beauftragt war, sich in den Besitz der blühenden Stadt Bandovey zu setzen, wo heute das Dorf Woden liegt, zwei Meilen südlich von Philippopel, am Abhang der von der Rhodope bis hierher springenden Hügel. Die Bürger, mehr an den Kampf gewöhnt, da ihre Stadt der beständige Zankapfel zwischen griechischen und bulgarischen Herren war, setzten sich außerhalb der Ringmauern zur Wehr, mußten aber bald der Uebermacht weichen und sich hinter ihre Mauern zurückziehen, von denen sie die Angreifer mit Steinen und Pfeilen überschütteten. Man mußte zur Belagerung schreiten und Herzog Berthold um Nachschub bitten; ehe dieser indeß kam, mußten sich die Bürger ergeben und nichts wurde ihnen gelassen als das nackte Leben. Dieser schlimme Ausgang bewog die Bewohner der Stadt Petritsch[58]), eine halbe Stunde von Woden am Stanimak gelegen, sich rechtzeitig zu ergeben. Außer diesen drei Städten eroberten die Kreuzfahrer noch eine Anzahl von Castellen, die auf zehn angegeben ist, deren Namen aber nicht genannt sind. Somit war eine genügende Basis für die Existenz und Sicherheit des Heeres gewonnen; zumal die Armenier und einzelne Bulgaren vor dem Kaiser und den Fürsten erschienen, ihre Unterwerfung eidlich bekräftigten und sich bereit erklärten bei genügender Sicherheit für das Heer einen Markt zu eröffnen, worauf auch gern eingegangen wurde. Zugleich traf der Kaiser eine Maßregel, um sowohl das Verhalten der Soldaten gegen die Bewohner, als auch ihr kameradschaftliches Verhältniß und die militärische Disciplin überhaupt besser überwachen und eventuell rectificiren zu können. Er gab nämlich die Bestimmung, daß für jede Abtheilung von 50 Mann ein besonderer Aufseher ernannt werde, dessen Ausspruch sich jeder innerhalb der Abtheilung in militärischen Dingen nicht allein, sondern in allen Beziehungen zu unterwerfen hatte, diese Pentarchen sollten die Jurisdiction eines kaiserlichen Hofrichters haben. Ferner ernannte der Kaiser aus den Angesehensten und Verständigsten des Heeres sechzig Männer, die gleichsam den Generalstab und die oberste Intendanturbehörde ausmachten. Diese Zahl erwies sich indeß später für eine prompte Geschäftsführung sowohl als auch für die nothwendige Verschwiegenheit zu groß und wurde auf

sechzehn reducirt. Der Kaiser war während dieser Zeit in der größten
Besorgniß wegen seiner Gesandten, welche der byzantinische Kaiser
noch immer zurückhielt; er fürchtete um so mehr für sie, als er häufig
genug genöthigt gewesen und auch noch war, auf's Schärfste gegen
griechische Unterthanen an Person und Besitz zu verfahren. Er be=
schloß also noch einen Versuch zu machen, seine Gesandten zu erlösen
und dadurch freiere Hand zu bekommen. Er schickte also den Kanoni=
kus Wernher von St. Victor in Mainz und den Ritter Gotfried, einen
gewandten und beredten Mann, an Isaak ab, nachdem ihm vorher
freies Geleit für beide zugesichert worden war. Diese waren beauf=
tragt, dem Griechen zu versichern, daß ihr kaiserlicher Herr an nichts
weniger als an Conspiration gegen ihn denke, daß Kaiser Friedrich
keineswegs ein Bündniß mit den serbischen Fürsten geschlossen oder sie
in den Lehnsverband aufgenommen habe; Friedrich könne alles dies
nur ansehen als Vorwände, um unschuldige kaiserliche Gesandte zu be=
schimpfen und als Geiseln zu behandeln, und fordere dringend ihre
Freilassung. Auch sollten die neuen Gesandten den Kaiser Isaak an
die Verträge zu Nürnberg und seinen und des Kanzlers Eid erinnern.

Aber der Boden, den sie in Constantinopel zu bearbeiten hatten,
war ihnen sehr ungünstig. Kaiser Isaak glaubte sich vorläufig durch
das türkische Bündniß noch ausreichend gedeckt und dachte zunächst
nur daran, wie er Friedrich in die Falle locken und ihn am meisten
beschimpfen könne. Dazu besaß ein betrügerischer Mönch vollständig
sein Ohr, der ihm beständig vorredete, daß der Kreuzzug nur die
Maske für Friedrich's Absichten auf das byzantinische Reich sei, und
daß ein Traumgesicht ihm den in Constantinopel einziehenden Kaiser
gezeigt habe. Eilends ließ Isaak das Thor, das der Betrüger als
das gefährliche bezeichnet hatte, zumauern und sich in seiner hoch=
müthigen Einfalt Bogen und Pfeile anfertigen, mit denen er, wie er
vor seinen Hofleuten herumprahlte, den deutschen König eigenhändig
erschießen wolle. Daneben versäumte er indeß nicht, nach Kräften
die alten griechischen Schleichwege zu betreten. Ohne Zweifel haben
Unterhandlungen stattgefunden zwischen ihm und seinem Schwieger=
vater Bela, den er durch allerhand Vorspiegelungen, insbesondere da=
durch, daß er ihm den sicheren Untergang der Kreuzfahrer in Aus=
sicht stellte, dazu zu bewegen vermochte, daß er bei Friedrich Schritte

that, die am Kreuzzuge theilnehmenden Ungarn zurückzuziehen. Als nun jene beiden Gesandten Friedrich's erschienen, wurden sie in gewohnter Weise hingehalten und mit nichtssagenden Redensarten abgespeist. Wie oft mag Isaak in Versuchung gewesen sein, sie gleich den übrigen zu mißhandeln, aber es schwebte ihm wohl schon ein Plänchen vor, zu dessen Ausführung es dieser neuen Gewaltmaßregel nicht bedurfte.

Zunächst konnte er nach dem seitherigen Verfahren des Kaisers annehmen, daß dieser einen offenen Angriff auf Constantinopel möglichst hinausschieben, im Gegentheil wo möglich erst die Befreiung seiner Gesandten an Ort und Stelle abwarten werde. Das Heer war dislocirt und würde wohl auch, nahm Isaak an, in diesen einzelnen Abtheilungen den Vormarsch zum Hellespont antreten. Nachdem nun der Kaiser so bis zum Spätherbst oder Winter hingehalten wäre, wollte Isaak dann freien Durchzug, Märkte und Ueberfahrt gewähren, damit, was Märsche und Frost übrigließen, den in Klein-Asien bereit gehaltenen Truppen in die Hände fallen sollte.

Während solche Pläne mit seinen Prahlereien abwechselten, traf ihn eine schlimme Nachricht nach der anderen aus der unglücklichen Provinz, die zwei Heere ernähren mußte. Vergebens machten ihm sein eigener Neffe und der rumänische Statthalter Nicetas die dringendsten Vorstellungen, durch Herausgabe der Gesandten die Leiden seiner armen Unterthanen zu lindern und den Kaiser zum Abmarsch zu bewegen. Noch konnte er nicht zum Entschluß kommen. Wenn wir nun dem Bericht des oben genannten Statthalters Nicetas Glauben schenken dürfen, so bestimmte ihn dieser zuletzt dadurch zur Auslieferung der deutschen Gesandten, daß er ihm berichtete wie unter den Kreuzfahrern das Gerücht gehe, daß sein Bündniß mit Saladin nach Barbaren Art dadurch bekräftigt worden sei, daß sie gegenseitig ihr Blut getrunken hätten. So hätte in dem wunderlichen Gemisch von heimtückischen und listigen Plänen und knabenhaften Spielereien diese größte aller Thorheiten den Ausschlag gegeben. Kurz endlich wurden die Gesandten freigelassen und ihnen eine neue griechische Gesandtschaft zu weiteren Unterhandlungen beigegeben[59]. Als es unter den Kreuzfahrern bekannt wurde, daß die Gesandten frei und schon in der Nähe seien, zog ihnen am Tage Simon Judä, 28. Oktober, gegen sechs Meilen weit eine Schaar von 3000 der auserwähltesten

Ritter entgegen, um sie unter Jubel und Waffenspielen zu empfangen
und zum Kaiser zu geleiten. Die griechischen Gesandten, die die
Entlassenen begleiteten, geriethen in Furcht, als sie die Ritter in
Schlachtordnung und unter Lanzenschwingen auf sich zukommen und
von allen Seiten sich umschwärmt sahen; gar mancher deutsche
Ritter hätte den heimtückischen Griechen lieber die Lanze durch den
Kopf gerannt, als sich mit Kampfspiel begnügt; so mußte man sichs
genug sein lassen, sie weidlich zu ängstigen, bis die Herzensfreude
über die Zurückerhaltenen auch den Griechen zu gute kam und der
Herzog von Schwaben ihnen spöttisch sagte, all dies sei ja zu ihrer
Freude geschehen. Der Kaiser umarmte die endlich Erlösten, den
Bischof von Münster und Grafen von Nassau, und bewillkommnete
die andern mit Thränen der Freude und unter dem tausendstimmigen Zu=
jauchzen der Waffengenossen. Die Griechen wurden in ihre Quar=
tiere geleitet. Am folgenden Tage, dem 29. Oktober, erschienen nun
der Bischof von Münster und seine Leidensgenossen vor dem Kaiser
und den versammelten Fürsten, Bischöfen und Rittern und erzählten,
wie schmählich sie in Constantinopel behandelt worden waren, wie
der griechische Kaiser sie vor den Gesandten Saladin's beschimpft,
wie der Patriarch in Constantinopel den Mord der Kreuzfahrer für
ein gutes Werk erklärt habe, das Ablaß für andere Mordthaten bringe;
öffentlich, in glänzender Versammlung habe man sie Hunde genannt.
Darauf wurden die griechischen Gesandten vorgelassen, an deren
Spitze wieder der Kanzler Johannes Dukas stand. Der Kaiser zeigte
ihnen sogleich, wie er nun auch gesonnen sei, anders gegen sie zu
verfahren; denn im Gegensatz dazu, daß Isaak seine vornehmen Ge=
sandten hatte stehen lassen, bezeigte er jetzt den Vornehmen seine Ge=
ringschätzung dadurch, daß er nicht nur sie, sondern auch alles was
vom niederen Gefolge, Knappen, Köchen, Stallknechten mit jenen war,
eintreten und bei ihnen niedersitzen ließ. Die Gesandten übergaben
also den Brief Isaak's und wiederholten alle die alten Zusagen; auch
daß die Kreuzfahrer bei Sestos und Abydos übergesetzt werden sollten.
Der Grieche hatte dabei, erzählen die gleichzeitigen Berichterstatter,
den weiteren Plan, den Mangel an Schiffen als Vorwand für die
zersplitterte Ueberfahrt des Heeres zu nehmen, damit es in einzelnen
Abtheilungen um so leichter überfallen und niedergemacht werden

könnte. Der Brief selbst war mit dem hergebrachten, hochmüthigen Unverstande abgefaßt. Während Isaak sich selbst als römischen Kaiser bezeichnet, redet er Friedrich nur als alemannischen König an; auch prophezeite er ihm mit gemeinem Spott, daß er noch vor Ostern sterben werde. Friedrich im Besitz seiner Gesandten und nicht mehr von dem Interesse, diese in Sicherheit zu bringen, zur Zurückhaltung gezwungen, setzte den Griechen in scharfen Worten den Kopf zurecht. Er wies die thörichte Anmaßung Isaak's zurück und erklärte, wenn dieser künftig die schuldige Ehrfurcht in dieser Beziehung verweigere, werde er seine Briefe zurückweisen. Auf seine Vorschläge wegen Lieferung des Getreides und Stellung der Transportschiffe und der Märkte könne er nur eingehen, wenn er ihm vorher seine nächsten Verwandten und höchsten Staatsbeamten als Geiseln überliefert habe, zur Bürgschaft, daß er nicht wieder wort- und eidbrüchig werden wolle. Ohne daß diese Vorbedingungen erfüllt wären, würde er auch keine Gesandten mehr annehmen.

Die oben erwähnte Forderung des Königs von Ungarn wegen der Entlassung der ungarischen Begleiter und Theilnehmer am Kreuzzug traf den Kaiser bei den Vorbereitungen zum Weitermarsch und fand daher erst nachträglich eine Beantwortung. Mit gewohnter Vorsicht trug der Kaiser Sorge, daß das Gewonnene auch behauptet wurde und legte deshalb den Erzbischof von Tarantaise und die Bischöfe von Lüttich, Passau, Münster und Tull mit einer auserlesenen Mannschaft als Besatzung nach Philippopel, um die Rückzugslinie zu decken und die Basis für die weiteren Operationen zu sichern. Auch blieb der größte Theil des Gepäcks in dieser Stadt unter dem Schutz jener Besatzung zurück. Am 5. November rückte das Gros der Armee von Philippopel ab auf der Straße nach Adrianopel, wo ein griechisches Heer stand. Am dritten Marschtage kamen sie nach Blisimos[60), wohl in der Nähe des heutigen Papaslu, auf dem rechten Ufer der Maritza, ungefähr 5 Meilen von Philippopel, wo das Heer sich lagerte, 7 Tage lang, während der Kaiser mit wenigen Begleitern nach Philippopel zurückkehrte und mit den dort Zurückgelassenen einen geheimen Rath abhielt.

Es ist kaum möglich, einen klaren Einblick in die Motive des Kaisers zu erhalten, die ihn zur Rückkehr nach Philippopel, resp. einem früheren Abmarsch von dort veranlaßten. Unter anderm war es jedenfalls die Frage wegen der Entlassung der Ungarn. Die Antwort auf das Verlangen des ungarischen Königs, seine Unterthanen der weiteren Führerschaft und Begleitung zu entbinden und demgemäß zu entlassen, hatte er noch verschoben, wohl weil ihm unter den vielerlei Vorbereitungen zu wenig Zeit blieb für eine Berathung und reifliche Ueberlegung des beregten Verlangens. Auch hatte er wohl erst durch einen kleinen Vormarsch die Gegend recognosciren wollen und es im Ganzen für gerathener gehalten mit einer kleinern, selbstgewählten Anzahl, unbelästigt von dem Gros der Armee und den vielen Grafen und Herrn, des Rathes zu pflegen, ein Gesichtspunkt, der bei der Wahl der in Philippopel zurückzulassenden Bischöfe ohne Zweifel maßgebend war. Jedenfalls wurde hier über alle weiteren Maßnahmen beschlossen, nachdem der Kaiser in der Hoffnung, die er vielleicht gehabt hatte, getäuscht worden war, daß die Griechen nämlich, wenn sie sähen, daß der Kaiser weiter vorrückte, nachgeben würden. Die Resultate liegen im Ganzen in dem Brief an seinen Sohn, der zu Philippopel abgefaßt scheint, vor.

Man kam überein, die Ungarn ziehen zu lassen, zum Dableiben aber so viele als möglich zu überreden. Eventuell wurde wohl ein Bündniß sowohl mit den Serben in Aussicht genommen, als auch mit den Walachen. Was nun das Verhältniß zu Griechenland angeht, so war man darüber einig, daß Isaak zum Geiselgeben gezwungen werden müßte; daß man den Winter in Rumelien zubringen und im Frühling auf Constantinopel losgehen würde, um durch dessen Belagerung und Stürmung Isaak zum Nachgeben zu zwingen. Das Heer aber solle vorher in angemessener Weise vertheilt werden, damit während des Winters keine Noth eintreten könne. Zur Ausführung alles dessen gab er seinem Sohn Heinrich brieflich Anweisungen. Er solle sorgen, daß im Frühjahr eine italienische Flotte bereit sei, um die Belagerung Constantinopels von der See aus stützen und fördern zu können; auch theilte er ihm mit, wie die unverschuldeten Verzögerungen drohten, den Kaiser in Geldverlegenheiten zu setzen, und daß Heinrich deshalb die Schuldner mahnen und das Geld eintreiben lassen möge. Der griechische Kaiser wäre schlecht genug gewesen, der Gesandten Hab und Gut im Werth von 2000 Mark zurückzubehalten.

Während des Weitermarsches wurden dann die Ungarn schlüssig über ihre fernere Theilnahme am Zug. Drei Magnaten beschlossen, mit ihren Leuten den Kaiser weiter zu begleiten und ihr Gelübde zu erfüllen, sechs dagegen und der Bischof von Raab kehrten am 19. November um, zum großen Schmerz der Uebrigen. Wenn auch der Verlust, den die Kreuzfahrer der Zahl nach erlitten, kein sehr beträchtlicher war, so mußte doch der moralische Eindruck auf die Uebrigen um so stärker sein und zur schlimmen Nachahmung um so mehr auffordern, als man einem sorgenreichen Winter und einer bedrängten Zukunft entgegenging, und dies hat auch ohne Zweifel den Kaiser zur reiflichsten Ueberlegung und größten Vorsicht veranlaßt. Den zurückkehrenden Ungarn ließ der Kaiser sich zwei Boten anschließen, von denen der eine seinem königlichen Sohne den mehrfach erwähnten Brief überbringen sollte. Der andere sollte dagegen dem Könige von Ungarn ein Schreiben zustellen, in dem ihm die Treulosigkeit seines Schwiegersohnes vorgehalten wurde.

Das Heer gelangte endlich am 22. November an dem verlassenen Lager der sich fortwährend zurückziehenden Griechen vorbei nach Adrianopel, indem es in 8 Tagen kaum sechzehn Meilen zurückgelegt hatte und schlug dort die Winterquartiere auf. Auch hier wurden wie bei Philippopel die umliegenden Städte und Castelle occupirt, hauptsächlich um Lebensmittel und andere nothwendige Dinge zu requiriren und überall feste Stützpunkte zu haben. So bemächtigte sich der Bischof von Regensburg, von einem Regensburger Bürger, der der Landessprache kundig war, geführt, der Stadt Perbaton, ost-nord-östlich von Adrianopel, an dem Südostabhang des Skandschea-gebirges ungefähr 12 Meilen von jener Stadt gelegen[61]. Unter viel härterem Kampfe nahm der Herzog von Schwaben das stark befestigte Timotikon[62], das heutige Demotika, das an dem Einfluß des Kizilnehr in die Maritza gelegen ist, bekannt durch den Aufenthalt König Karl's XII. von Schweden. Die Stadt liegt 5½ Meilen südlich von Adrianopel und galt von jeher für einen der festesten Punkte Thraciens. Wie der Berichterstatter sagt, wurde der Platz auf das tapferste von cumanischen und griechischen Bewohnern vertheidigt. Ein Wormser Ritter erstieg zuerst die Mauer und stürzte sich in das Innere mitten unter die Feinde, wo er allein kämpfte bis der Standartenträger des Herzogs und sein Marschall Diemar ein Thor stürmten, wobei drei Ritter fielen. Ein innerhalb der Stadt befindlicher Thurm gab den griechischen Söldnern, Alanen, abermals einen Widerstandspunkt, bis drei kräftige Soldaten einen Baumstamm herbeischleppten, in den Thurm einstiegen und alles niederschlugen und zu den Fenstern hinauswarfen. Alle Bewohner, außer Weibern und Kindern, über 1500 an der Zahl, wurden niedergemacht. Unter den Beutestücken wollte ein Ritter seine drei Pferde wiedererkennen, die ihm in Bulgarien gestohlen worden waren. Des Kaisers Truchseß und Mundschenk eroberte Nikiz, das heutige Chaß-Köi[63] eine kleine Tagereise südöstlich von Adrianopel auf der Straße nach Borgas. Wiederholt haben die Berichterstatter Gelegenheit von den Wundern zu berichten, die Gott an seinen Streitern habe geschehen lassen: wie sie vergifteten Wein ohne Schaden getrunken hätten, während die Griechen, denen er mit Gewalt eingegossen wurde, unter den fürchterlichsten Zuckungen starben. Ja einer ist der Meinung, daß sie dergleichen schon von der bulgarischen Grenze an genossen hätten, was ihnen die göttliche Gnade in Heil verwandelt habe.

Während dieser Kämpfe war ihnen wochenlang keine Nachricht von Philippopel zugekommen, deshalb schickte der Kaiser den Herzog Berthold von Dalmatien, den Grafen Florentin von Holland und den Vogt Friedrich nebst anderen Rittern und 1200 Mann am 7 Dezember nach Philippopel ab, um von dort sämmtliches Gepäck, Beute ꝛc. und die noch übrigen Truppen abzuholen und nach Adrianopel zu geleiten, damit das ganze Heer daselbst concentrirt sei. Der Herzog von Dalmatien wurde besonders deshalb geschickt, weil er mit dem Großgrafen von Serbien wegen eines etwaigen Hülfsheeres gegen Constantinopel unterhandeln sollte.

Unterdessen hatte man bei Philippopel beständig mit den Griechen zu kämpfen, die einen vollständigen Guerillakrieg organisirt hatten Nachdem man so Markowo[64], ungefähr 1¼ Meile südlich von Philippopel, genommen hatte, war eines Tages der Bischof von Passau mit einem Theil seiner Leute ausgezogen und mit den Feinden bei Batkunion[65] zusammengetroffen. Diese ehemals blühende Bezirkshauptstadt, jetzt ein elendes Dorf nahe am rechten Ufer der Maritza, liegt über fünf Meilen von Philippopel westlich in dem anmuthigen Thale,

welches hier die zurückweichenden Vorgebirge der Rhodope und des
Hämus bilden. Er warf hier einen griechischen Haufen in die Flucht,
zog sich aber unvorsichtig zurück, fiel in einen Hinterhalt und verlor
dabei achtzehn Ritter. Allerdings wetzte hernach der Herzog Berthold
die Scharte wieder aus [66]), und 300 Griechen mußten ihren ersten
Sieg mit dem Leben bezahlen. Auf weiteren Streifzügen kamen sie
auch fünf Meilen nördlich von Philippopel nach Grabhicz, wohl das
heutige Hissar [67]), und fanden hier in den Kirchen und andern Ge-
bäuden Gemälde, welche die Kreuzfahrer darstellten, wie auf ihren
Nacken Griechen saßen und sie an Zäumen lenkten. Voll Wuth hier-
über brannten sie Kirche und Häuser nieder, tödteten eine ganze Anzahl Bewohner und plünderten die ganze Umgegend. Mehr Ehre
als diese Rachethat machten den Kreuzfahrern andere Unternehmungen:
Arnold von Hornberg und der Bischof von Lüttich wurden mit fünfzehn Mann von einem feindlichen Haufen von dreihundert angegriffen,
und nach einem hartnäckigen Kampf waren drei vornehme Feinde erschlagen, drei niedergeworfen und sechs Pferde erbeutet. Inzwischen
hatte der Kaiser von neuem einen Versuch gemacht, von Isaak die
nothwendigen Garantien zur Ausführung des Zugs zu erlangen, und
Isaak, der sich nun wenigstens keine Formfehler mehr gegen den
Kaiser zu Schulden kommen ließ, schien geneigt, die Verhandlungen
wieder aufzunehmen und schickte Gesandten, welche am Weihnachts-
abend in dem kaiserlichen Lager eintrafen. Aber die Griechen begannen das alte Spiel, versprachen alles halb, verweigerten Geiseln,
nahmen eben Versprochenes zurück, bis der Kaiser die Sache müde
wurde und sie abschickte mit dem Bedeuten, an ihren Herrn den
Krieg zu erklären, wenn die Verhandlungen in diesem Stadium blieben. Auch der Walache Kalopeter schickte wiederum Gesandte und
versprach ein Hülfsheer gegen Constantinopel von 40,000 Leichtbe-
waffneten, wenn ihn der Kaiser dafür in seinen Unabhängigkeitsbe-
strebungen unterstützen wollte. Vorläufig wollte der Kaiser sich noch
nicht binden, schon deshalb, weil er die Hoffnung auf einen gütlichen
Ausgleich mit Isaak noch nicht aufgeben mochte. Er nahm den Gesandten zwar mit großer Freundlichkeit auf und entließ ihn mit einem
sehr zuvorkommenden Schreiben, in welchem er im Allgemeinen aus-
sprach, daß ihm die angebotene Hülfe erwünscht sei; später gedenke er

darauf zurückzukommen. Die energischste und kräftigste Stütze des Heeres war aber überall des Kaisers Sohn, der unermüdlich das Land weit und breit durchzog. Die Berichterstatter sind sämmtlich seines Lobes voll, und der Soldatenwitz nannte ihn nicht anders als des Heeres Schaffner und Hausvater. Nicht die Namen aller Städte sind uns aufbewahrt, die er nahm und für seine Soldaten ausleerte, sondern nur einige, so Culos, wo das heutige Tschelebi=Köi liegt, vier Meilen nordöstlich von Enos auf der Straße nach Constantinopel[68]. Auch Enos selbst an der Mündung der Maritza in den Busen, der den Namen der Stadt trägt, fiel in seine Hände[69]; im weiteren Verlaufe des Winters unternahm er auch einen Zug gegen Arkadiopel, das jetzige Tschatal=Borgas oder Lüle=Borgas, zwölf Meilen von Adrianopel auf der Straße nach Byzanz gelegen.

Einzelne Districte und Städte, die auf diesen Zügen und durch die Einzelkämpfe mit den Guerillabanden auf das härteste mitgenommen wurden, schickten Deputationen an den Kaiser und erboten sich Lebensmittel und Fourage zu Markt zu bringen und die Truppen gegen jene Banden mit Rath und That zu unterstützen. Der Kaiser ging gern darauf ein und ließ deshalb als Commissär einen griechischen Abt von Adrianopel und einen kaiserlichen Courir dahin abgehen. Allein schon in der ersten Nacht ihres dortigen Aufenthalts wurden beide überfallen und in Stücke gehauen. Den Bewohnern des Bezirks gelang es den Fähndrich der Bande zu ergreifen, sie knüpften ihn auf und wußten überhaupt durch den Eifer, den sie bei der Verfolgung der Feinde bewiesen, den Verdacht des Einverständnisses mit jenen von sich abzulenken. — Es hätte nicht der besonderen Erwähnung von Seiten mehrerer Berichterstatter bedurft, um zu beweisen, daß diese ganze Art der Kriegführung, das fortwährende zwangsweise Requiriren die Disciplin und den guten militärischen Geist untergraben mußte. Bei dem Reichthum der Provinz war es jedem leicht gemacht, sich auf eigene Faust in den Besitz der gewünschten Lebensmittel und Luxusartikel zu setzen[70]. Das Eigenthum zu schonen, gestattete die Lage des Heeres und der Stand der Verhandlungen mit Isaak nicht mehr. So war es nicht zu verwundern, daß kaum einer dabei stehen blieb, sich mit der Requisition der nothwendigsten Dinge zu begnügen, sondern daß der Hang zum Wohl=

leben zu immer größerer Rücksichtslosigkeit, die Gelegenheit mühelosen Erwerbs zur Habsucht, der Haß gegen die heimtückischen Feinde und die Widerstandslosigkeit der Landesbewohner zur Grausamkeit und Brutalität führte. Nur wenig kam dem Kaiser zu Ohren; die Zügellosigkeit war kaum aufzuhalten mit den Mitteln, über die man in dieser Lage zu verfügen hatte. Am 21. Januar kam endlich Herzog Berthold von Dalmatien mit einer serbischen Gesandtschaft an, welche er dem Kaiser vorstellte. Ueber den Gang der Verhandlungen und deren Inhalt haben wir keine genauen Nachrichten; aber zweifelsohne bezogen sie sich auf die Begründung und Ausdehnung des serbischen Reichs und ein etwaiges Bündniß zwischen dem Kaiser und den Serben. Der Herzog ging schon am folgenden Tage im Auftrag des Kaisers mit dem Gesandten über Philippopel nach der serbischen Landesgrenze ab, um mit dem Großgrafen selbst zu unterhandeln. An einem und demselben Tage mit der serbischen Gesandtschaft war auch eine griechische eingetroffen, die aus den beiden früheren Gesandten, dem Pansebastus Eumathius Philokales und einem gewissen Jacob von Pisa bestand. Die Motive, die Isaak endlich zum weiteren Nachgeben zu veranlassen schienen, mögen verschiedene gewesen sein. In den europäischen Verhältnissen waren Veränderungen eingetreten, die Isaak leicht verderblich werden konnten. Die Könige von England und Frankreich hatten endlich ernstliche Anstalten gemacht, ihren gelobten Zug zu unternehmen, und während er noch das kaiserliche Kreuzheer im Lande hatte, schienen ihn schon wieder neue Zuzüge zu bedrohen. Wilhelm von Sicilien war verschieden, und sein Erbe war des gefährlichen und gehaßten Kaisers Sohn. Bei der Richtung, welche die sicilische Politik schon viele Jahrzehnte gegen die Griechen genommen hatte, mußte es dem griechischen Kaiser höchst gefährlich erscheinen, sie in dieser Zeit noch beeinflußt oder gar geleitet zu sehn von einer Seite, die ihm, augenblicklich wenigstens, nur unbedingt feindlich sein konnte. Dazu kam denn doch die Einsicht, daß er sich in dem deutschen Kaiser schwer getäuscht hatte. Er hatte nicht nur nicht die plumpe Falle gemieden, die man ihm gestellt hatte, sondern hielt sich dazu noch nach allen Seiten freie Hand: die Bulgaro-Wallachen warben um seine Anerkennung die Serben boten ihm ihre Hilfe an, der König von Ungarn sprach sich wenigstens mißbilligend über seinen Schwiegersohn aus; das griechische

Land wurde verheert und ausgeplündert, die Städte in Besitz genommen, die Festungen und Burgen gebrochen. Der Byzantiner machte nicht mehr ein Gesicht wie gestern und ehegestern, sondern fühlte, daß die Zeit immer näher kam, wo sein Widerstand ihm Kopf und Thron kosten konnte. Er schickte also die eben erwähnte Gesandtschaft und ließ die Stellung der vom Kaiser geforderten Geiseln versprechen. Nach der Abfertigung des serbischen Gesandten ließ der Kaiser die Griechen vor, empfing sie auf's freundlichste, hörte ihren Vortrag an und erklärte sich bereit, auf dieser Basis mit Isaak weiter zu verhandeln, ernannte auch seinerseits Gesandte, die sich den zurückkehrenden Griechen sofort anschließen sollten. Es waren Berthold von Königsberg, Marquard, Truchseß von Anweiler und Marquard, Kämmerer von Neuenburg. Beachtenswerth ist, daß von hervorragend distingüirten Personen aus der Umgebung des Kaisers Niemand der Gesandtschaft beigegeben war.

Capitel 6.

Der letzte Aufenthalt in Europa.

Unterdessen waren die Kreuzfahrer am 15. Januar von Philippopel aufgebrochen und hatten die Stadt, nachdem sie sie niedergebrannt hatten, verlassen. Ebenso verfuhr ein Detachement, das zu demselben Zweck nach Beröa abgesendet war. Das Hauptcorps bezog am 21. ein Lager bei Constantia, an einem Nebenbache der Tundscha[71], nord=östlich von Philippopel, um daselbst die nach Beröa geschickte Truppe wieder aufzunehmen und den Herzog von Dalmatien zurück= zuerwarten. Nach einigen Tagen traf denn auch der Herzog ein; allerdings hatte er die Serben an dem verabredeten Orte nicht ge= troffen und ihnen einen Boten zurücklassen müssen, der ihm dann die Mittheilungen überbrachte. In einzelnen Abtheilungen rückte man gegen Adrianopel vor, so daß bis zum 6. Februar das ganze Heer in und um diese Stadt vereinigt war. Die Streifzüge wurden nun in derselben Weise fortgesetzt, und manche Einzelheit ist uns aus dieser Zeit von den Berichterstattern aufbewahrt. So die Kämpfe Herzog Friedrich's von Schwaben mit den griechischen Söldnern, bei denen der Ritter Hugo von Tisbach fiel. Die Gefangenen und die Pferde wurden indeß in der Folge auf den Antrag des griechischen Befehlshabers ausgewechselt. Rühmliche Erwähnung bei diesen Kämpfen finden auch die Böhmen, die Grafen von Salm, Spanheim, und Abenberg, sowie der Vogt Friedrich. Die kräftige Fortsetzung der Kriegführung, sowie die Nachricht von der Vereinigung des ganzen Heeres übten in Constantinopel den letzten entscheidenden Druck aus, und am 14. Februar erschienen die beiderseitigen Gesandtschaften im Lager und überbrachten einen schriftlichen Vertrag, über den man sich in Constantinopel bereits geeinigt hatte. Das Instrument hat uns ein Berichterstatter vollständig mitgetheilt, es charakterisirt vollkommen das gegenseitige Verhältniß.

Der griechische Kaiser erklärt sich bereit, allen seither von den Kreuzfahrern erlittenen Schaden ohne den geringsten Anspruch auf Entschädigung zu tragen, er verpflichtet sich nach keiner Seite hin Schadenersatz zu verlangen. Er verspricht für eine hinlängliche Anzahl von Schiffen zu sorgen, damit das Heer bei Gallipoli und Sestus, also nicht bei Constantinopel, übersetzen könne: Nämlich siebzig große Transportschiffe[72], 150 Schiffe, um die Pferde überzusetzen und fünfzehn vollständig gerüstete Galeeren. Der Kaiser sollte zu seiner Disposition ebenfalls eine Anzahl Galeeren haben, um sie nach Gutdünken zur Sicherung des Heeres zu verwenden; jedoch sollte er gehalten sein, nirgends auf griechischem Boden Schaden anrichten oder Gewaltthätigkeiten ausüben zu lassen oder gar andere Schiffe an der Fahrt nach Constantinopel zu verhindern. Alle Galeeren von Abydos bis Constantinopel sollten unbeweglich an den Küsten vor Anker liegen, um nicht durch Hin- und Herfahren den Verdacht der Kreuzfahrer zu erregen. Das griechische und deutsche Heer sollte, so lange letzteres noch auf griechischem Boden stehe, eine Strecke von mindestens vier Tagemärschen trennen. Außerdem mußten auf dem europäischen und asiatischen Ufer dem Kaiser zur Sicherheit je eine Stadt zur Besetzung übergeben werden für die Dauer des Uebergangs; wogegen auch hier der Kaiser versprach, nirgends Gewaltthätigkeiten gegen Stadt und Bewohner zu gestatten. Welche Zähigkeit erforderlich war, um diese detaillirten Bestimmungen den Griechen abzuringen, kann man sich wohl denken; zumal sie sahen, wie ihnen Satz für Satz jede Aussicht auf eine Umgehung des Vertrags abgeschnitten wurde. Daß die kaiserlichen Gesandten nach einer sehr speciellen Instruction verhandelt haben, geht aus den Resultaten hervor, die in ganz besonderer Weise geeignet sind, den scharfen Blick des Kaisers zu zeigen. Die einzelnen Bestimmungen sind nach ihrem Ziel so klar, daß es unnöthig erscheint, den ganzen Vertrag zu analysiren. Zum Unterpfand sollten von Seiten der Griechen Geiseln gestellt werden, und zwar achtzehn aus kaiserlichem Geblüt in Herzogsrang, die namentlich im Vertrag aufgeführt wurden, von welchen ein Theil nach dem glücklichen Uebergang des Heeres, der andere dann entlassen werden sollte, wenn der Kaiser jenseits Philadelphia das griechische Gebiet verlassen habe. Wäre der beauftragte Beamte nicht im Stande, die griechischen Unterthanen zur freiwilligen Lieferung des Proviants zu vermögen, so sollten die Truppen auf eigene Hand requiriren dürfen und die Bewohner nach Belieben behandeln; nur dürfte über den Grundbesitz derselben nicht anderweit verfügt werden. Ferner mußte der griechische Kaiser denjenigen seiner Unterthanen, seien es nun Griechen, Lateiner oder Armenier, welche Friedrich gefolgt und ihm den Eid der Treue geleistet hatten, vollkommene Straffreiheit zusichern. Sehr nothwendig war bei dem erbärmlichen Zustande des griechischen Münzwesens die vertragsmäßige Reduction der griechischen auf die deutschen Münzen und die Normirung ihres Werths; so sollte eine Mark Silber fünf und ein halb Hyperperen, d. h. Goldbyzantiner gelten, eine Bestimmung, die nicht zum Nachtheil der Kreuzfahrer lautete, da ein Byzantiner in jener Zeit ungefähr drei Thaler Werth hatte oder doch haben sollte. Zugleich wurde festgesetzt, daß kein Unterschied zwischen älteren und neueren Münzen gemacht werden sollte, was allerdings vorzugsweise den Griechen von Nutzen war. Die Lebensmittel sollten zu denselben Preisen verkauft werden, wie sie dem eigenen Landesherrn geliefert wurden. Schließlich mußte sich Isaak zu vollständigem Schadenersatz für die Gesandten bereit erklären, der baldigst an den Bischof von Münster und den Grafen von Nassau und deren Begleiter auszuzahlen sei.

Der Vertrag wurde ratificirt mit der Nachtragsbestimmung, daß Friedrich innerhalb der nächsten zwanzig Tage vom Datum der Ratification mit seinem Heer aufbrechen und an den Hellespont marschiren solle[73]). „Nicht ein Kanzler wie zu Nürnberg, sondern fünfhundert auserwählte Staatsbürger zu Constantinopel und ebenso viel auserwählte Kreuzfahrer zu Adrianopel beschworen in Gegenwart dort des gesammten Volks, hier des gesammten Kreuzheeres auf's heilige Evangelium den neuen Friedens- und Freundschaftstractat. So groß war des Verstandes und Herzens offenkundiger Widerstreit und so groß das Bestreben, den christlichen Treusinn, welchen Gottes allbelebender Geist andachtsfrommen Seelen einhaucht, und schamlos frevelnder Sündendienst unersetzbar verflüchtigt, mit Eidesgewalt in's Herz zu bannen und zu binden. Darum haben auch die Griechen den Kreuzfahrern schon am Hellespont nachsetzen können und darum sind auch die Märkte in den meisten Städten des griechisch-asiatischen Romaniens leer geblieben." Mit den griechischen Gesandten zugleich war auch endlich Friedrich's Gesandter Gotfried von Wiesenbach und der des Sultans von Iconium angekommen. Beide hatten die Griechen acht Wochen lang in Constantinopel mit Gewalt zurückgehalten. Der Brief des Sultan's war im freundschaftlichsten Tone abgefaßt und alles Gewünschte wurde darin versprochen. Zwei Tage darauf kam auch ein Bote vom Sohne des Sultan's und versprach dasselbe. Während der Gefangenhaltung des ersten Gesandten hatte nämlich der alte Sultan von Iconium sein Reich unter seine 10 Söhne getheilt und Iconium selbst war an Kotbeddin gekommen[74]). Schon am 27. Februar trafen die griechischen Geiseln ein[75]) mit dem Schadenersatz für die gemißhandelten kaiserlichen Gesandten im Betrage von 800 Mark Silbers[76]).

Es bedarf wohl kaum der Worte, um hier noch einmal auf die Politik hinzuweisen, die der Kaiser den Griechen gegenüber verfolgt hatte[77]). Man erkennt überall den Staatsmann, der die langjährigen italienischen Streitigkeiten gekostet und gelernt hatte, einem verschmitzten, unberechenbaren Gegner gegenüber mit Zähigkeit das gesteckte Ziel festzuhalten; er hat es unter den schwierigsten Umständen verstanden, Bundesgenossen bereit zu haben, die ihm mit allen Kräften beistanden, wenn ein friedlicher Ausgleich unmöglich schien, und sich zugleich soweit freie Hand zu halten, daß ein solcher durch eine allzu feste Verbindung nicht ausgeschlossen wurde. Nichts ist demnach verkehrter, als der Vorwurf, den ihm unter andern italienische Berichte machen [76]), daß er Constantinopel habe erobern wollen, und daß nur die Fürsten ihn davon unter Hinweis auf seinen eigentlichen Zweck abgehalten hätten. Nur die geistlichen Fürsten etwa könnten als solche angesehen werden, die mit Eifer gegen des Kaisers weltliche Intentionen gewesen wären; die andern waren sicher besser aufgelegt, den meineidigen Griechen eine derbe Lection zu geben, oder wie der Herzog von Dalmatien zu Gunsten seines Hauses den Sturz des griechischen Reichs herbeizuführen, als alles vertragsmäßig auszugleichen. Jene Berichte beruhen lediglich auf dem Unvermögen der Verfasser, den Plänen des Kaisers zu folgen und seine Maßregeln zu würdigen; wenn man nicht geradezu eine antikaiserliche Tendenz bei ihnen annehmen will. Des Kaisers dringender Wunsch mit den Griechen auf einen leidlichen Fuß zu kommen, ist überall ersichtlich; daß die Bestürmung Constantinopels in Aussicht genommen werden mußte, scheint nach der Lage der Dinge sehr erklärlich; wie sie denn auch nach dem Vertrag sofort aufgegeben wurde.

Ehe nun der Kaiser das Heer ausrücken ließ, mußte jeder seinen schon früher geleisteten Eid wiederholen, zugleich ließ er von den Pentarchen, deren Einsetzung oben erwähnt ist, genaue Listen über sämmtliche Soldaten anfertigen, die ihm dann übergeben wurden. Kurz vor dem Ausmarsch hatte man noch den Verlust von drei vortrefflichen Männern zu beklagen: Graf Gutbert von Aspremont, Graf Simon von Spanheim und Reinhold von Reifenberg erlagen den Anstrengungen. In eine merkwürdige Lage wurde der Kaiser versetzt, als in den letzten Tagen vor dem Abmarsch ein Bote des griechischen Oberbefehlshabers anlangte und dem Kaiser die Bitte jenes mittheilte, er möge ihm doch zur Bekriegung der Bulgaro-Walachischen Fürsten das Heer überlassen; während an demselben Tage noch ein Gesandter des Kalopeter mit einem Briefe erschien, in welchem der Kaiser um Hilfe gegen die Griechen angegangen wurde. Beides lehnte der Kaiser natürlich unter Hinweis auf seinen höheren Zweck ab. Nachdem vorher noch ein kleiner Vortrab zur Erkundigung des Weges abgeschickt worden war, rückte endlich am 1. März die

Avantgarde wieder unter dem Befehl Friedrich's von Schwaben aus den Winterquartieren ab. Am folgenden Tage erfolgte dann der Ausmarsch der übrigen Armee nach ihren Abtheilungen. Der Marsch ging langsam weiter, das Mißtrauen gegen die Griechen erheischte noch immer alle möglichen militärischen Sicherheitsmaßregeln, auch machte der Uebergang über den Fluß Reina, den heutigen Erghene, nicht geringe Schwierigkeiten. Heftige Gewitter verbunden mit anhaltendem Platzregen am achten und den folgenden Tagen verschlechterten die Wege in solchem Grade, daß der Verlust an Lastthieren und Pferden sich bereits schmerzlich bemerklich machte. Am Palmsonntage, dem 18. März, gelangte man dann nach Rossa, dem heutigen Rus=Köi, 13. Meilen südlich von Adrianopel, 5½ Meile nördlich von Enos. Zwei Ritter unterlagen hier den Anstrengungen, Bobo von Massingen und Ainwic von Hagenau[79]). Der Weg wurde bereits so unfahrbar, daß man die Gepäckwagen zurückließ und Saumthiere verwandte; nach einem beschwerlichen Marsch über Brachol[80]) kam man am 21. März in Gallipoli an.

Capitel 7.
Der Uebergang über den Hellespont und die ersten Marschwochen in Klein=Asien.

Das Thalatta, Thalatta, mit dem einst jauchzende Griechenherzen das gastliche Meer begrüßten, drängte hier Sorge um die dunkle Zukunft zurück in die bange Brust. — Schon am Gründonnerstage, dem 22., begann des Kaisers Sohn die Ueberfahrt[81]), Charfreitag und Ostersonnabend folgten ihm seine Leute, Schwaben und Baiern nach. Stürme und Regengüsse verhinderten am folgenden Tage, dem heiligen Ostersonntag, das weitere Uebersetzen; deshalb machte das Heer aus der Noth eine Tugend und feierte im Lobe des Herrn. Pisanische Gesandte erschienen und sprachen ihre Bereitwilligkeit aus, den Kaiser in jeder Weise zu unterstützen, auch zur Belagerung Constantinopels die gewünschten Schiffe zu stellen; dagegen gingen einige venetianische

Getreideschiffe, obgleich sie der Sturm zur Landung bei Gallipoli gezwungen hatte, nicht auf die Forderung des Kaisers ein, ihre Vorräthe den Kreuzfahrern zu verkaufen, sondern beeilten sich, ihren Curs nach Constantinopel fortzusetzen, wo sie auf größeren Gewinn hoffen konnten. Allein der Sturm trieb sie in die Meerenge zurück, eine Thatsache, die dem frommen Berichterstatter als göttliches Strafgericht erscheint; es gelang den Soldaten, sich der Schiffe zu bemächtigen und sie standen nicht an, ihre Ladung für sich in Anspruch zu nehmen. Ostermontag setzte Herzog Berthold und der Bischof von Passau, Dienstag und Mittwoch, den 27. und 28. März, der andere Theil des Heers über, und den Schluß machte der Kaiser[82]) mit seinen Leuten, umgeben von fünf Galeeren, die mit Soldaten besetzt waren, und geleitet von den griechischen Geiseln, von denen er nach beendeter Ueberfahrt sogleich dreizehn zurücksandte, während die übrigen fünf erst jenseits Philadelphia entlassen wurden. Alles war ohne Verlust abgelaufen, und sogleich am folgenden Tage begann der Weitermarsch. Da man sich sofort von der Küste ab und nach dem Innern wenden wollte, um möglichst schnell vorwärts zu kommen, so mußten die Proviant- und Gepäckwagen zurückgelassen und Lastthiere zum Weitertransport gebraucht werden. Der Marsch wandte sich zuerst in südöstlicher Richtung etwa nach Bergas, in der Nähe des Hellespont, an den südlichen Gebirgsabhängen des Gülgen-Dagh über Bergrücken und durch enge, tiefe Thäler auf schwierigem Weg in zwei Tagen durch eine Gegend, die dazu keine Nahrungsmittel bot und im höchsten Grade wasserarm ist; bis sich am dritten Tage das Thal immer mehr erweiterte, Nahrungsmittel und Wein bot, und man dann endlich am 1. April Spigast, das heutige Bigha am Tschana, dem Granikus der Alten, erreichte[83]). Am Ufer des Flusses, von den Berichterstattern Diga genannt, wurde das Lager aufgeschlagen und ein Rasttag gehalten[84]). Am folgenden Morgen überschritt das Heer den Fluß und marschirte in südlicher Richtung weiter, um später die Straße zu erreichen, die von Constantinopel über Smyrna nach Iconium führt, und umging in süd-östlicher Richtung den Gebirgszug, um durch das tiefe und sumpfige Thal des Kirk-getschid-su, Vierzig-Furten-Wasser, zu marschiren und den bedeutenderen Kazbagh-su, d. h. das Wasser vom Gänseberg, den Ida der Alten, zu überschreiten[85]). Bei diesem Uebergang hatte das Heer den Verlust eines Ritters, eines Knappen und verschiedener Pferde und Lastthiere zu beklagen, die in den Strudeln des Flusses umkamen. Treulos wie immer zeigten sich auch hier die Griechen, sie belästigten die Fourageure, überfielen einzelne und ermordeten sie, bis sie endlich sogar in hellen Haufen angriffen und von dem Vogt Friedrich ein= für allemal mit blutigen Köpfen abgewiesen wurden. Die Geiseln haben ohne Zweifel die Versicherung gegeben, daß dergleichen gegen den Willen ihres Herrn geschehe, auch waren die Belästigungen nicht von der Bedeutung, daß man schon jetzt die vornehmen Geiseln hätte büßen lassen wollen oder gar die unschuldigen Bewohner, welche im Gegentheil ein ausdrücklicher kaiserlicher Befehl vor jeder Rache des Heeres schützte. Der Marsch wandte sich in süd=östlicher Richtung, nachdem man bei den Trümmern von Sardes am 7. April die Straße nach Iconium gewonnen hatte, nach Thyatira, dem heutigen Ak=hissar, Weiß=Schloß [86]); und endlich erreichte man nach vielen Mühen und mehreren Rasttagen am 21. April Philadelphia, das heutige Alah=schehr, Gottes=Stadt [87]). Man lagerte sich vor der Stadt, und einzelne Haufen gingen hinein, um Lebensmittel aufzuspüren [88]); aber vergebens sah man sich überall nach dem versprochenen Markte um; im Gegentheil, einzelne Bürger machten sich lustig über die enttäuschten Gesichter der Soldaten, verhöhnten sie, ein Wort gab das andere, es entstand ein vollständiger Tumult in den Straßen, der damit endete, daß die Kreuzfahrer zum größten Theil ergriffen, ihrer Sachen beraubt und während der Nacht eingesperrt wurden [89]). Auf die Anfrage des Kaisers erklärte allerdings der griechische Statthalter, daß er vollkommen schuldlos, und alles gegen sein Wissen und Willen von Straßenjungen und Menschen der niedrigsten Klasse geschehen sei. Auch beschwor er und einige angesehene Bürger der Stadt diese Angaben und richtete zugleich an den Kaiser die dringende Bitte, die Stadt, die doch die christliche Vormauer gegen die Türken sei, zu schonen, er wolle für einen ausreichenden Markt sorgen. Mittlerweile hatten aber die Böhmen und Leute des Bischofs von Regensburg ein Thor bestürmt und viele getödtet. Der Kaiser gebot indeß schnell den erbitterten Truppen Einhalt. Endlich kam es denn so weit, daß wenigstens Lebensmittel geliefert wurden, aber das Mißtrauen war gegenseitig so groß, daß die Griechen an Stricken

Körbe und Tücher mit Lebensmitteln gefüllt von den Mauern herunterließen, die dann von den untenstehenden Kreuzfahrern in Empfang genommen werden konnten, nachdem diese ihrerseits das Geld dafür in bereitstehende Gefäße deponirt hatten⁹⁰). Als ächte Griechen überfielen sie natürlich die Kreuzfahrer, als diese am 22. wieder abmarschirten; allein es bekam ihnen diesmal übel, denn sie wurden von den Kreuzfahrern mit nicht geringen Verlusten abgeschickt. Weiterer Repressalien gegen die Griechen enthielt sich der Kaiser, zumal er Tags zuvor die fünf noch übrigen Geiseln entlassen hatte⁹¹). Sogleich am folgenden Tage, als der Marsch in süd=östlicher Richtung durch die Ostberge des Boz=dagh ging, hatten sie einen Ueberfall von Türken zu erleiden, der indeß mit einem Verlust von fünfzig Mann für jene zurückgeschlagen wurde⁹²). Der mühevolle Gebirgsmarsch nach dem Ak=dagh und dem Mäander zu kostete den Kreuzfahrern besonders sehr viel Pferde. Endlich gelangte man am 24. nach Tripolis⁹³), einer schon damals zerstörten Stadt in der Nähe des Mäander. Am folgenden Tage setzte das Heer den Marsch über den Mäander fort an den Ruinen von Hierapolis vorbei, wo heute Pambuk=Kalessi, Baumwollen=Schloß, liegt, über den kleinen Mäander, den heutigen Tschuruk=ju, in ungefähr zwei Stunden nach Laodicäa, das jetzt den Namen Eski=Hissar (Altenburg) hat und ganz in Trümmern liegt⁹⁴). Der Weg dahin führte durch ein höchst anmuthiges Thal voll Kirschen=, Süßholz= und Feigenbäumen. Der griechische Statthalter nahm die Kreuzfahrer auf das freundlichste auf und hatte einen reichlichen Markt ausrichten lassen⁹⁵).

Capitel 8.

Von Laodicäa bis Iconium.

Nach eintägiger Rast begann am 27. April der Weitermarsch durch das türkische Gebiet. Drei Wochen lang war hier das Heer in der schlimmsten Lage. Leiden erduldeten wir, sagt der Berichterstatter, wie sie in Jahrhunderten unerhört gewesen sind. Man betrat dieses

Land nomadisirender Turkmanen⁹⁶) im guten Glauben an die Vertragstreue des Sultans. Die von Bergzügen durchsetzte Hochebene ernährte zahllose Heerden von Ochsen, Ziegen, Schafen, Pferden, Kameelen und Eseln, die von den schweifenden Türkenhorden auf flinken Rossen geweidet und besessen wurden und die reichlichste Nahrung darzubieten schienen. Schon der erste Eintritt in dieses wasserarme, zum Theil von Bitterseen durchzogene Land gab dem Kreuzheer einen Vorgeschmack der kommenden Leiden. Die Lastthiere fanden keine ausreichende Nahrung und wurden so zur Ertragung der Tagesstrapazen immer unfähiger, bis sie ihnen haufenweise erlagen. Die Türken hatten sofort beim Herannahen des Heeres Zelte und Heerden im Stich gelassen und sich in die Berge geflüchtet, ein schlimmes Anzeichen für ihre und ihres Herrn friedliche Gesinnung⁹⁷). Aber schnell kehrten sie zurück, als sie sich unbelästigt sahen, und begannen ihrerseits den Guerillakrieg eines flüchtigen Reitervolks: Tag und Nacht beunruhigten sie den Marsch und fortwährend erschwerten sie jede Bewegung des Heeres und die Requirirzüge durch flüchtige Angriffe und zahllose Pfeilschüsse. Und als sich der Kaiser bei den türkischen Gesandten beschwerte, daß das ihren Versicherungen und ihrem Eid zuwiderlaufe, entschuldigten sie sich und ihren Herrn damit, „daß er außer Stande sei alle die wilden unstäten türkischen Stämme zu bändigen, deren Raublust oft ihn selbst treffe und deren Bestrafung ihm also gewiß willkommen sein werde". Schon am 30. April war eine Anzahl Soldaten so schwach, daß sie einen Theil ihres Gepäcks zurücklassen mußten. Wie die Raubthiere fielen die Feinde darüber her, der Kaiser, der es bemerkt hatte, ließ schnell ein großes Feuer anzünden, daß die Türken, unfähig zur Rundsicht, überfallen werden konnten und dreihundert Todte auf dem Platze lassen mußten⁹⁸). Weniger belästigt konnte dann das Heer an den Quellen des Mäander vorbei⁹⁹) in ost-nordöstlicher Richtung den schwierigen Marsch nach Sozopolis fortsetzen, während ihnen die Türken beobachtend nachzogen¹⁰⁰). Bei diesen und den folgenden Kämpfen thaten sich besonders die Herzöge Friedrich und Berthold, die Grafen von Kiburg und Oettingen und der vielgenannte tapfere Vogt Friedrich hervor. Auch die Böhmen zeichneten sich aus. So hatten sich eines Tages sechs von ihnen über ihre Rüstungen Kittel gezogen und gingen wie Troßknechte zum Fouragiren. Schnell stürzten sich sechs Türken wie wüthende Hunde über die vermeintlich Wehrlosen her; diese machten Anstalt zu fliehen, die Türken wurden dreister, bis sie das Schwert der Angegriffenen ihren Irrthum mit dem Tod bezahlen ließ. Ihre Pferde wanderten als gute Beute mit ins Lager, wo lauter Jubel die tapferen Böhmen empfing. Auch an humoristischen Zügen fehlte es nicht. So wurde eines Tages ein Soldat, der nichts mehr als ein Brod besaß, von einem Türken angegriffen, der ihm durch einen Pfeilschuß sein Brod auf den Körper heftete; schnell gefaßt schoß der Soldat den Türken nieder und nahm ihm neun Brode ab, die jener bei sich hatte, so daß er nun für zehn Tage mit Proviant versorgt war.

Unterdeß wurde der Widerstand der Turkmanen geregelter und heftiger. Das Geld Kotbeddin's that seine Wirkung; dem Kaiser wurde am Himmelfahrtstage, dem 3. Mai, die Nachricht überbracht, daß über 30,000 Türken den nächsten Engpaß besetzt hielten, der auf ihrem Wege lag, und in welchem einst Kaiser Emanuel eine blutige Schlappe erlitten hatte [101]. Dem Kaiser blieb nichts Anderes übrig [102] als, um dem sicheren Verderben zu entgehen, den äußerst gefährlichen und beschwerlichen Weg durch das Gebirge einzuschlagen [103]. Ein gefangener Türke [104] mußte als Führer über den Gebirgskamm dienen, überdies hatte er versprochen, das Heer auf Richtsteigen in eine weite, fruchtbare Ebene zu führen. Die beiden Herzöge und der Markgraf von Baden übernahmen als Nachhut die Deckung des Marsches und ließen ihre Pferde vorausgehen, um ungehinderter in dem coupirten Waldterrain zu sein [105]. Aber auch hier auf diesen Gebirgswegen waren sie vor den feindlichen Pfeilen nicht sicher und vor den Steinen, welche die Turkmanen von den höheren Felsen auf sie herabschleuderten. So wurde auch des Kaisers Sohn von einem Steine so im Gesicht verletzt, daß ihm zwei Zähne verloren gingen [106]; ungefähr zehn Ritter wurden verwundet, einer getödtet; über sechzig Feinde mußten dafür mit dem Leben büßen. Kameele, Schaafe und Ochsen, deren man habhaft werden konnte, wurden mitgenommen [107]. Noch an demselben Tage konnte das Heer an dem nordöstlichen Abhang des Sultan-dagh in die Ebene hinabsteigen; wo denn, allerdings ohne Vorwissen des Kaisers, mehrere Türken mit Weibern und Kindern von den erbitterten Soldaten ermordet wurden. Die weite, zu beiden Seiten von Bergen umschlossene Ebene, vorzüglich mit Baumfrüchten der mannigfachsten Art gesegnet, nahm die erschöpften Pilger auf. Aber keine Ruhe war ihnen vergönnt. Die türkischen Gesandten, die den Kaiser von Adrianopel bis hierher begleitet hatten, entfernten sich, unter dem Vorwand mit dem nächsten Emir verhandeln zu wollen, in der Begleitung Gotfrieds von Wiesenbach [108] als kaiserlichen Commissärs. Als sie aber aus den Augen des Kaisers waren, erklärten sie jenen für gefangen und eilten Iconium zu. Einen besonders beklagenswerthen Verlust erlitten die Kreuzfahrer am 6. Mai in dem trefflichen Friedrich von Hausen, welcher in Folge eines Sturzes mit dem Pferde starb. In einem Obstgarten fand der deutsche Minnesänger seine letzte Ruhestätte [109]).

Am Abend des folgenden Tags [110] glaubten die Türken einen stärkeren und umfassenderen Angriff wagen zu können, indem sie auf die Ermattung und unzureichende Verpflegung des christlichen Heeres rechneten. Es war in der Nähe der Stadt Vinimil oder Philomelium, des heutigen Ak-schehr, Weiß-Stadt, wo der Kaiser ein Lager bezogen hatte. Eine bedeutende Anzahl Türken begann auf das Lager loszustürmen und die Lagerwachen aufs heftigste anzugreifen. Die beiden Herzöge Friedrich und Berthold stellten sich sogleich an die Spitze ihrer Truppen und machten einen Ausfall. Nach heftigem Kampfe wurden die Türken mit einem Verlust von über 4000 an Todten, Verwundeten und Gefangenen geschlagen und in die Berge zurückgeworfen [111]), Philomelium in Brand gesteckt. — Bot auch das Land sonst an sich Unterhalt in ausreichender Menge dar, so hatten doch jetzt die Feinde Sorge getragen, daß alles Vieh in die Berge getrieben, alle Nahrungsmittel so viel als möglich versteckt oder ungenießbar gemacht worden waren. Die Jahreszeit bot nichts, Wasser war nur selten zu erreichen. So ist es nicht zu verwundern, daß die Lage für jeden mit jedem Tage schlimmer wurde. Die Preise der Nahrungsmittel waren in ungeheurem Maße gestiegen: so mußten für einen Ochsen und eine Kuh fünf, ja sogar neun Mark bezahlt werden; ein kleines Brod kostete eine Mark Silber; Pferdefleisch und nicht minder das Fleisch kraftlos gewordener und gestürzter Lastthiere galt als Leckerbissen. Einzelne verließen in dem Delirium des Hungers und Durstes das Heer und gingen zu den Feinden über, andere harrten aus bis zum letzten Athemzug, stürzten während des Marsches nieder und starben unter den Schwertern der nachdrängenden Türken den Märtyrertod. Unter fortwährenden Kämpfen und den bittersten Leiden nahte das Pfingstfest [112]). Je mehr man sich Iconium näherte, desto stärker wurden die Angriffe, desto deutlicher zeigte sich der feind= liche Sinn Kotbeddin's, der durch seine Heirath mit einer Tochter Saladin's und durch den in Aussicht stehenden Gewinn veranlaßt, eine dem Kaiser durchaus feindliche Politik verfolgte. Bereits am 10. Mai wollte der türkische Gefangene, der hier als Wegweiser diente, bei dem Gefecht die Fahne und die Trompetensignale des Sul= tans erkannt haben. Am Sonnabend vor Pfingsten, dem 12. Mai, hatten sie wieder die heftigsten Angriffe der Türken bis tief in die Nacht hinein auszuhalten; dazu mußten sie den bittersten Hunger leiden [113]) und hatten den Uebergang über einen jener Steppenflüsse auf einer so schmalen Brücke zu bewerkstelligen, daß sie immer nur zwei und zwei hinüberkonnten [114]). Das heilige Pfingstfest brachte ihnen kaum eine Erleichterung. Die Angriffe der Türken unterblieben allerdings fast ganz an diesem Tage, so daß sie sich der Feier mehr hingeben konnten; auch ein festliches Mahl wurde ausgerichtet, freilich konnten sich die meisten dazu nur Pferde= und Ochsenhäute abkochen, während sich die Reicheren Pferdefleisch verschafften. Mehl war nur noch in geringer Quantität vorhanden und wurde wie Geld bewacht und versteckt, kostete doch eine mäßige Schüssel voll vierzehn Silber= solidi. Unterdeß hatte Kotbeddin eine große Menge von Truppen zu= sammengezogen, die mindestens auf eine Zahl von 300,000 [115]) ange= geben wird. Die Avantgarde des christlichen Heeres unter dem Be= fehl des kaiserlichen Marschalls schlug den ersten Angriff der Türken so energisch zurück, daß sie für den Augenblick den weiteren Kampf aufgaben. Auch Wunder wissen die frommen Berichterstatter zu er= zählen; so habe der heilige Georg auf weißem Roß ihnen Hilfe ge= bracht, wie der Ritter von Helfenstein eidlich aussagte [116]) und andere Zeichen mehr, die den Kreuzfahrern neues Vertrauen auf Gottes werkthätige Hilfe gaben. Dem Kaiser hielt Niemand Stand, auch Kilidsch Arslan's beide Söhne nicht, die mit auserwählten Reiter= schaaren einen Berg besetzt hielten. Kotbeddin selbst soll aus dem Sattel gehoben, und einem Emir der nächsten Umgebung die rechte

Hand heruntergehauen worden sein. Uebergelaufene Armenier und türkische Gefangene wußten mancherlei zu erzählen von der Wirkung der heldenhaften Tapferkeit des christlichen Heeres auf die Türken. Auch der Sultan mochte enttäuscht sein, wie er seine Gefährten und Bundesgenossen getäuscht hatte: statt der erwarteten, halb verhungert geschilderten, schwachen und widerstandslosen Pilgerschaaren traf er heldenmüthige, hartnäckige Streiter [118]). Während des Kampfes hatten sich die Truppen etwas zu weit östlich gezogen und waren in den südlichen Theil der lykaonischen Sand-Wüste gekommen; durch den Colonnenmarsch und die türkischen Reiterschaaren wurde der Sand so aufgewirbelt, daß das christliche Heer in Kurzem in Staubwolken gehüllt jede Richtung verlor und truppweise umherirrte, bis es den einzelnen Abtheilungen wieder gelang, sich zu vereinigen. Diesen schlimmen Tag, es war der 14., beschloß ein noch schlimmerer Abend. Der Lagerplatz bot den kampf- und marschmüden Kreuzfahrern nichts zur Erquickung; Wasser und Gras fehlten ganz, so daß Menschen und Thiere auf das furchtbarste litten. In dieser trostlosen Lage fand sie auch der 15. Mai. Von Todesahnungen erfüllt, körperlich und geistig gleich sehr erschöpft und kraftlos, begann langsam der Weitermarsch. Noch wollte sich nichts finden zur Linderung des entsetzlichen Durstes. Die einen fielen über die gefallenen Pferde her, um ihr Blut auszutrinken, andere rissen Rasenstücke an sich, zermalmten sie mit den Zähnen und sogen sie aus, wieder andere kauten den Koth der Pferde, einige tranken sogar ihre eigenen Excremente. Einmal auch ergriffen sie einen Türken, welchen sie mit dem Tode bedrohten, wenn er ihnen kein Wasser zeige; er that es, aber es war Salzwasser. Endlich trafen sie auf sumpfige Stellen und Pfützen. Mit rasender Gier stürzten sie sich über den schmutzigen Trank, um das ersterbende Leben wieder zu erfrischen. Der Kaiser ließ Rast machen, die Pferde wurden getränkt, aber viele waren bereits gefallen, die nun ihren Herren zur Nahrung dienen mußten; mit Sätteln, alten Kleiderüberresten, Zeltstücken und Hemden wurden die Feuer zum Abkochen angezündet und unterhalten. Unausgesetzt dauerten die Angriffe der Türken fort, und während dieses und des folgenden Tages, wo Rast gehalten wurde, büßte man beinahe sechzig Fourageure ein. Die feste Haltung des Heeres und dessen bedrohliche Annäherung an Iconium veranlaßten Kotbeddin, wohl von seinem Vater gedrängt, zu einem Ausgleichsversuche. Er schickte am 16. einen Gesandten und ließ freien Durchmarsch und Lieferung von Nahrungsmitteln anbieten, wenn ihm dreihundert Centner Gold ausgezahlt und ihm der Erwerb des christlichen Armeniens gesichert werde. Der Kaiser wies diesen Vorschlag natürlich ab [119]), indem er antwortete es sei weder seine noch der christlichen Streiter Sitte, sich den Durchmarsch mit Geld zu erkaufen. Mit dem Schwert und Christi Hilfe wollten sie sich den Weg bahnen [120]). Mit drohenden Worten verließ der Gesandte das kaiserliche Lager und eine allgemeine Niedergeschlagenheit und Trostlosigkeit bemächtigte sich des Heeres. Die furchtbare Verantwortung, die auf dem Kaiser lag, bedrückte ihn, und er nahm keinen Anstand, seine Besorgnisse gegen seine nächste Umgebung zu äußern; besonders wegen des Lagerplatzes für den andern Tag. Denn da nun nichts Anderes übrig blieb als Kampf oder Hungertod, so mußte dem Kaiser alles darauf ankommen, sein gänzlich erschöpftes Heer vorher wenigstens einigermaßen körperlich zu stärken und geistig zu heben und anzufeuern. Noch an demselben Tage wurde das Heer versammelt, und insbesondere der Bischof von Würzburg redete die einzelnen Abtheilungen mit ergreifenden und begeisternden Worten an, wies auf die werkthätige Hilfe Gottes und seiner Heiligen hin und flößte den Niedergedrückten neuen Muth ein [121]). Am folgenden Morgen, dem 17. Mai, versammelten sich alle zu gemeinsamer Andacht, nahmen das Abendmahl und rückten langsam aus, wie der Zustand des Heeres es nicht anders erlaubte. Vor ihnen hatte das türkische Heer in einem Halbkreise Aufstellung genommen [122]), machte aber keinen ernsten Angriff, sondern beschränkte sich, wie meistens seither auf Belästigungen, die ihnen ungefähr sechzig Leute kosteten. Im Ganzen konnte der Kaiser ungehindert seinen Vormarsch gegen Iconium fortsetzen und war so glücklich, einen der großen königlichen Gärten zu erreichen, die um die Stadt in großer Anzahl lagen. Ueberfluß an Wasser und Pferdefutter belohnte sie nach langen Anstrengungen [123]). Gewitter und schwere Platzregen ließen sie indeß nicht zur lang ersehnten Nachtruhe kommen.

Capitel 9.
Sieg und Ende des Kaisers.

Die Aufgabe des Kaisers war eine doppelte: einmal das entgegenstehende türkische Heer zurückzuschlagen und zweitens sich der Stadt Iconium zu bemächtigen, denn eins ohne das andere konnte dem Heere für seinen Weitermarsch nichts nützen [124]. Die Maßregeln des Kaisers zur Ausführung seines Vorhabens gingen nun dahin, beides zu gleicher Zeit anzugreifen, also sein Heer in zwei Colonnen zu theilen, von denen jede selbständig operiren sollte. Man kann sich im ersten Augenblick darüber wundern, daß er sein ohnehin schon so geschwächtes Heer, er hatte nur noch 500 Berittene, auch noch theilte, aber eine nähere Betrachtung dieser Maßregel rechtfertigt dieselbe vollkommen. Hätte der Kaiser sein Heer vereinigt gelassen, um zuerst die Türken aus dem Feld zu schlagen, so konnte einerseits bei der türkischen Kampfesweise wohl kein so entscheidender Sieg herbeigeführt werden, daß der Kaiser dadurch freie Bahn für den Weitermarsch erlangt hätte; zumal bei der geringen Anzahl der Pferde [125], die vollständig geschwächt waren, eine wirksame Verfolgung unmöglich war; andrerseits würde sich eine große Anzahl von Türken ohne Zweifel nach Iconium geworfen und die Erstürmung wenn nicht unmöglich gemacht, so doch sehr verzögert haben. Hätte sich aber der Kaiser mit voller ganzer Kraft gegen die Stadt gewandt, so wäre er durch die große Masse des türkischen Heeres geradezu an einer wirksamen Berennung verhindert worden. Griff er nun beides zugleich an, so war im Falle des Verlusts das Unglück ein gleiches, erreichte aber nur einer von beiden Theilen das Ziel, so war der Erfolg gewiß, denn dann konnten beide nach gesichertem einen Vortheil sich mit allen Kräften rücksichtslos, da eine Position gewonnen war, zum gemeinsamen Schlag auf einen Punkt werfen. Das mögen ungefähr die Erwägungen gewesen sein, die den Kaiser die Theilung des Heeres vornehmen ließen. Am Morgen des 18. Mai stellte er den einen Theil des Heeres unter den Befehl seines Sohnes mit der bestimmten Aufgabe, die Stadt zu stürmen, sich in den Besitz derselben zu setzen und sie zu halten, möge kommen was wolle, den andern Theil des Heeres befehligte er selbst. Jedem einzelnen Befehlshaber, Ritter und Soldaten wurde nachdrücklich eingeschärft, unbedingt bei seiner Truppe zu bleiben und unter keinen Umständen zum Plündern abzugehen, wenn nicht beide Heeresabtheilungen ihr Ziel erreicht hätten. Als das Heer aufmarschirt war, erschien plötzlich wieder ein türkischer Unterhändler, der sich nach den Friedensbedingungen des Kaisers erkundigte. Der Kaiser gab ihm zwar zur Antwort, zunächst verlange er die Auslieferung des gefangen gehaltenen Gotfried, wenn dann der Sultan geeignete Leute zur Unterhandlung schicken wolle, sei er bereit, darauf einzugehen; sah aber die ganze Sache für eine Falle an und ließ sofort, als der Türke das Lager verlassen hatte, zum Kampfe vorgehen. Als nun Friedrich von Schwaben mit den Seinigen [127]) gegen die Stadt vorrückte, sah er Kilidsch Arslan selbst mit sechshundert Bewaffneten herankommen, wohl um Verhandlungen einzuleiten; kaum erblickte dieser aber die christliche Sturmcolonne, als er eiligst die Flucht ergriff und sich in die Burg von Iconium warf [128]). Unterdeß hatte sich der Herzog von Schwaben kaum dem ersten Thor der Stadt genähert, als ihm der seither gefangen gehaltene Gotfried entgegenstürzte, in jubelnder Freude die Genossen willkommen hieß und sie zu einem kräftigen Stoß auf die Stadt, dem sie unterliegen müsse, aufforderte und ermunterte [129]). Die Einwohner hatten mittlerweile ihre werthvollste Habe zur Burg geschleppt, als der Angriff begann. Das erste Thor wurde genommen, die Vertheidiger niedergehauen, die Christen stürmten durch die Straßen und tödteten, was sich ihnen entgegenstellte. Was sich nicht in die Burg retten konnte, mußte über die Klinge springen. Die Stadt war im Besitz des Herzogs, und er hätte sofort auch den Sturm auf die Burg begonnen, wenn ihn nicht die Müdigkeit seiner Truppen daran gehindert hätte.

Der Kaiser stand unterdeß, ohne die großen Erfolge zu kennen, die sein Sohn bereits erfochten hatte, noch in einiger Entfernung von der Stadt, rings bereits von den rastlosen türkischen Reiterschaaren umschwärmt. Den ersten stümischen Angriff eröffneten die türkischen Truppen. Die christlichen Reihen erbebten wie die Bäume des Waldes, vom rasenden Gewittersturme geschüttelt, sie hielten Stand; in glänzendem Schmuck boten sich Bischöfe und Priester, von hoher Begeisterung getrieben, den Angreifern dar; unerschüttert wie die hoch=

ragende Burg des Heeres hielt der Kaiser in der dichten Schaar seiner heldenmüthigen Ritterschaft. Der Kampf tobte weiter, rechts und links sanken die Getreuen, Thränen entrannen den Augen des kampfgehärteten, wetterergrauten Kaisers. „Wäre das Heer wohlbehalten in Antiochia, Krone und Leben wollte ich opfern", hörte ihn seine nächste Umgebung ausrufen. Kampfesmuth und Begeisterung brach laut aus den Reihen der Ritter hervor; hoch hebt sich der Kaiser im Bügel, feuert die Kämpfer an, und mit den Worten: Christ ist der König, Christus der Sieger, Christus der Feldherr! wirft er sein Pferd herum und stellt sich an die Spitze der ehernen Schaar Rasselnden Blitzen gleich fahren sie nieder auf die erschreckten Ungläubigen; die deutschen Schwerter halten eine furchtbare Todtenernte, nach dem hartnäckigsten Kampfe weichen die türkischen Schaaren, lösen sich auf und zerstreuen sich. Der herrlichste Sieg ist erfochten, Tausende von Feinden bedecken das Schlachtfeld.[180])

Weitere Verfolgung verbot den Rittern ihre eigene und ihrer Thiere furchtbare Ermattung. Mittlerweile war die frohe Kunde von der Eroberung der Stadt zu den siegreichen Streitern gedrungen, und alles eilte zur Stadt, um die Brüder zu begrüßen und leibliche Stärkung zu suchen. Mit welchen Gefühlen mögen sich der greise Fürst und sein blühender, tapferer Sohn an den Thoren Iconiums begrüßt haben!

Die Soldaten hatten in der Stadt bald die Verstecke entdeckt, in welche die Einwohner ihre Lebensmittel und Kostbarkeiten gebracht hatten. Ganze Gruben voll Weizen und Gerste fanden sie; an Kostbarkeiten, edlen Metallen und Purpurgewändern soll die Beute im Werthe von 100,000 Mark gewesen sein; im Palaste des Sultans fand man Schätze, die Saladin als Mitgift für seine Tochter geschickt haben sollte. Als man am folgenden Tage den Dankgottesdienst abgehalten hatte, erschienen Abgesandte des Sultans und seines Sohnes, die in sehr kleinlauten Worten die Bereitwilligkeit ihrer Herrn ausdrückten, dem beleidigten Kaiser jede Genugthuung zu geben und mit ihm in friedliche Unterhandlung zu treten. Nach einer Berathung mit den Fürsten beschied der Kaiser jene vor sich und hielt ihnen vor Allem ihre Treulosigkeit vor. Obgleich er sie nun vollstndig zu Boden geschlagen habe, wolle er doch von weiteren feindlichen Maßregeln absehen, wenn sie Geiseln gäben, und Frieden und Lieferung von Getreide versprächen. Mit der größten Freude vernahmen die Abgesandten diese billigen Forderungen und beeilten sich, dieselben ihren Herrn zu hinterbringen, die sofort ihre Zustimmung erklärten und zehn Emire und zehn große Reichsbarone als Geiseln schickten [131]. Nach einer viertägigen erquickenden Rast verließ das Heer am 23. Mai Iconium und bezog in der Nähe des königlichen Gartens wie früher das Lager, wo ein großer Markt abgehalten wurde, der drei Tage dauerte. Zuerst war Alles sehr theuer, einer behauptet übertriebener Weise, daß sie für ein Pferd 100 Mark hätten bezahlen sollen; das wäre ihnen aber doch zu stark gewesen, deshalb hätten sie ihnen eine ähnliche Münze gegeben, die blos den vierten Theil des Werths hatte, ohne daß es die Türken gleich gemerkt hätten. Als diese sich aber später beim Kaiser beschwerten, sagte er ihnen, wenn sie gute Preise stellten, sollten sie auch gutes Geld bekommen [132]. Auch nach der Einsetzung eines Schiedsgerichts konnte ein Berichterstatter sagen: zwar fanden wir genug, aber mußten alles theuer bezahlen. Die Zahl der hier gekauften Pferde und Lastthiere, mit Ausschluß der Esel, gibt derselbe auf mehr als 6000 an. Auch mit Nahrungsmitteln, als Fleisch, Brod, Butter, Käse war man reichlich versehen. Am 26. Mai brach dann der Kaiser von da auf und schlug den Marsch nach Süden ein durch die Ebene. Nach einem vierstündigen Weg kam man zu den sogenannten Quellen; vielleicht dieselbe Stelle, wo noch heutzutage eine halbe Stunde östlich vom Dorf Tschalakly ein Brunnen liegt. Am folgenden Tage wurde der Marsch in südsüdöstlicher Richtung fortgesetzt durch die Ebene, und man gelangte zu dem Tscharschembe-su, einem Abfluß des Saghla-Sees. Hier stellten sich wieder Turkmanen als Verfolger ein, um das alte Spiel zu beginnen. Ihr Erscheinen erklärt sich auch hier am besten daraus, daß eine Stunde südlich des Flusses wieder hügeliges Terrain beginnt und in der Nähe einen Paß bildet. Der Kaiser aber beschied die türkischen Geiseln zu sich und erklärte ihnen: Wenn Eure Türken nicht vom Verfolgen und Belästigen des Heeres abstehen und wenn sich nicht überall zureichender Markt findet, so sollt Ihr es mit dem Leben bezahlen. Das wirkte, und obgleich auch diese Türken die übliche Entschuldigung vorbrachten, als seien das Horden, die sich ihnen und ihres Herrn Befehlen entzögen, so zogen sich die Verfolger doch schnell zurück. Der Marsch wurde nun in derselben Richtung fortgesetzt bis Kassaba [133]), das sich noch heute durch vortrefflichen Wein auszeichnet. Am Abend desselben Tags, 28. Mai, gelangte man dann noch nach Pirgos, wohl das heutige Hisra, oder in der Nähe desselben, wohin ein beschwerlicher Weg führt, da das Terrain ringsum hügelig ist. Lebensmittel waren hinreichend zu Markt gebracht worden, deshalb machte man einen Rasttag daselbst.

Am 31. Mai kam das Heer in ungefähr vier Stunden nach Larauda, dem heutigen Karaman, der letzten Stadt nach Cilicien zu [134]). Nachdem das Heer sich dort wieder gestärkt und neue Kräfte gesammelt hatte, rückte man weiter, ziemlich genau nach Süden und erreichte auch bald eine armenische Stadt, und groß war die Freude Aller, als man zum erstenmal nach so langer Zeit wieder das Zeichen christlicher Bildung und Religion auf freiem Feld sah [135]); Die türkischen Gesandten glaubten hier ihre Entlassung beanspruchen zu können, sie wurden aber damit abgewiesen und nur noch schärfer bewacht. Das Heer zog sich dann in fast südlicher Richtung, um über das durch vereinzelte Berge getrennte, durch schroffe Kalkfelsen und Abgründe zerrissene Plateau den Salef zu gewinnen. Während des Marsches erschien eines Tages der Herr von Sibilia [136]), ein armenischer Vasall, vor dem Kaiser, begrüßte ihn auf das ehrerbietigste und bot freiwillig die Lieferung von Lebensmitteln an; wie denn die Armenier immer für die Kreuzfahrer die größte Sympathie bewiesen. Der Weg bot überall sehr viel Schwierigkeiten dar; man hatte allerdings Pferdefutter genug, aber wenig Nahrung für die Menschen, so daß einzelne wiederum das Fleisch gestürzter Pferde genießen mußten. Der Marsch ging dann wohl östlich des Busaftsche-tschai in die Ebene hinab, die sich bei einer Krümmung des Salef auf dem nördlichen Ufer des Flusses befindet, wo man zwei Tage rastete, um sich zu stärken zu den weiteren Schwierigkeiten des Wegs. Auf dem nördlichen Ufer des Salef setzte man den Marsch fort in östlicher Richtung bis man in der Nähe des Dorfes Mut zu einer steinernen Brücke [137]) kam und sich daselbst lagerte. Hier erschienen auch Gesandte König Leo's II. von Klein-Armenien, die die ganze Ergebenheit ihres Herrn aussprachen, aber auch nicht genug von den Schwierig-

leiten und Schrecken des Wegs zu erzählen wußten, die die Pilger
erwarteten. Der Kaiser mußte vor allem Sorge zu tragen, daß dem
Heer nichts von dieser schlimmen Botschaft bekannt wurde. Und die
Drangsale des Marsches sollten in nichts hinter den Schilderungen
der Armenier zurückbleiben. Längs des Nordrandes des Flußthals, das
sich abwechselnd verengt und erweitert, ging der Marsch hin: spitzige Fels=
höhen treten zwischen Berg und Fluß, immer unebener wird das Thal; der
Flußlauf wird durch Kalkhügel verdeckt, die das Heer zum Theil über=
steigen mußte, bergauf bergab zieht sich dann der Weg hin neben dem
tief unten brausenden Fluß [138]. An ein geordnetes Marschiren war
nicht mehr zu denken, jeder folgte seinem Instinkt und suchte sich den
Weg, den er überwinden zu können glaubte; Bischöfe sowie die
tapfersten Ritter waren durch die Strapazen bereits so geschwächt, daß
sie auf Bahren weitergebracht werden mußten, und mancher Schild=
knappe hat Schild und Waffen bei Seite geworfen, um seinen Herrn
über die Berge zu tragen. Den lechzenden Mund erquickten nur
süße Wachholderbeeren, die in jenen Bergwäldern wachsen [139].

Während nun der größte Theil des Heeres durch die Ueber=
steigung der Berge in ost=nord=östlicher Richtung die Ebene von
Seleucia zu gewinnen suchte, stieg der Kaiser mit seinen Genossen am
Morgen des 10. Juni den Berg hinunter nach den Ufern des Flusses
zu in der Meinung, auf diese Weise einen gangbaren Weg zu finden.
Die Felsen auf dem nördlichen Theil des Flusses waren theils so ab=
schüssig, daß Bischöfe und Ritter auf Händen und Füßen sich herab=
lassen mußten, theils traten sie so nahe an den Fluß, daß man in
diesen hineinreiten mußte. Dazu brannte die glühende Junisonne
Ciliciens auf die Dahinziehenden herunter.

Endlich winkte das freiere Ufer der anderen Seite des Flusses;
der Uebergang wurde glücklich gemacht; nach einer kleinen Stärkung
stieg der Kaiser zu einem erquickenden Bad wieder in den Fluß. Nicht
länger vermochte der Körper des Greises die Anstrengung zu er=
tragen [140]: In das Lager zu Seleucia wurde dem unglücklichen,
führerlosen Heere der Kaiser als Leiche gebracht.

Alle Berichterstatter bemühen sich vergebens, das furchtbare Ent=
setzen zu schildern, das einen jeden bei der Todesbotschaft ergriff. —
Zwar war man nicht zweifelhaft, daß man des Kaisers vortrefflichen

Sohn als Nachfolger im Oberbefehl anzusehen habe; aber der Zug gleicht von da an nur noch einem jammernden thatenlosen Leichenzug. In Tarsus trennte sich das Heer, ein Theil ging nach Tripolis, der andere kam unter Herzog Friedrich am 21. Juni in Antiochien an, wo des Kaisers Leiche ohne die Gebeine in der Kathedrale beigesetzt wurde [141]).

Was hier die wüthende Pest verschonte, raffte sie darauf vor Akkon dahin. Auch der blühende, tapfere Kaisersohn erlag ihr mit vielen Genossen und mit ihm geht eine der großartigsten Unternehmungen, wohl überdacht, vortrefflich weitergeführt, zu Ende.

Das christliche Reich des heiligen Landes war unwiederbringlich verloren.

Bemerkungen.

¹) Ich verweise hier zunächst im Allgemeinen auf die umfassende Darstellung der orientalischen Verhältnisse bei Wilken, Gesch. der Kreuzzüge III. 2; neuere Bearbeitungen habe ich nicht einsehen können. Indeß bemerke ich ein für allemal, daß es nach dem Zweck der kurzen Vorgeschichte nicht möglich war, die massenhaften Controversen überall zu erwähnen, oder gar darauf einzugehen. Wilken benutzt vorzugsweise die französischen', englischen und arabischen Quellen außer Wilhelm von Tyrus, hat aber keine kritische Sichtung derselben vorgenommen, so daß sich nicht selten ein Schwanken herausstellt zwischen Text und Anmerkungen. Ich habe mich bestrebt auf die Hauptsachen mich zu beschränken, die im Ganzen feststehen; nur selten konnte ein Namhaftmachen der Quellen oder ein Eingehen auf dieselben stattfinden.

²) Das Itinerarium peregrinorum sagt über ihn bei Stubbs S. 9 (Bongars I. 1151), Salahadinus itaque sub Soldano Damascenorum, Norahadino, hoc primum potestatis suae auspicium habuit, quod de puellis Damasci quaestuariis questum sibi colligebat infamem: eas enim non aliter licebat prostitui, nisi ab ipso primitus libidinis exercendae copiam pretio impetrassent. Quicquid autem hujusmodi lenocinio lucrabatur, in usus histrionum refundebat, sicque largitionis obtentu venalem vulgi gratiam totis desideriis comparavit.

³) Daß Wilken a. a. O. 144 die Fabel über die Stellung des Großmeisters der Johanniter zu Amalrichs Treulosigkeit in seine Erzählung aufgenommen, ist wohl mehr in der Meinung, die er von Wilhelm von Tyrus hat, als in der Wirklichkeit begründet. Denn bei der nichts weniger wie freundlichen Gesinnung dieses Berichterstatters gegen die Ritterorden, insbesondere gegen die Johanniter, sind seine Nachrichten in dieser Beziehung noch sorgfältiger zu prüfen, als sonst.

⁴) Was die Reichsverhältnisse und die vielfachen Parteiungen angeht, so ist es bei dem jetzigen Stand der Quellenkritik sehr erschwert, etwas Unbestrittenes zu bringen. Wilhelm von Tyrus hat seine erschöpfende Kritik in Sybels Geschichte des ersten Kreuzzuges gefunden; was die anderen Berichterstatter angeht, denen Wilken folgt, so fehlt da meist ein sicherer Boden; in einzelnen Fäl-

len nur kann ich ein kurzes Wort darüber sagen. Wie es die Natur der Verhältnisse mit sich bringt, sind alle Berichterstatter mehr oder weniger Parteischriftsteller und sind demgemäß zu betrachten. Die Kritik wird dabei einen ähnlichen Gang zu nehmen haben wie z. B. in der Geschichte Heinrichs IV. Wie da Lambert von Hersfeld nicht selten Nachrichten beibringt, die seinem Parteistandpunkt angemessen sind, für die er aber die Garantie nicht übernehmen will, und da ein dicitur oder ajunt oder Aehnliches zusetzt, so ist es auch bei W. v. Tyrus und den gewissenhaften anderen Berichterstattern; selbst wenn sie in dem redlichen Bestreben möglichst unparteiisch zu erscheinen, dem Hörensagen in bestimmten Fällen für ihre Person keinen Glauben schenken wollen, so ist das noch kein Beweis gegen die Wahrheit solcher Gerüchte, da die Gründe jener meist erzwungen subjective sind, und eine streng objective Prüfung der Wahrheit selten stattgefunden haben mag. So ist es selbst bei der größten Vorsicht nicht überall für den späteren Berichterstatter möglich durch die Schwankungen der Parteiangaben hindurch den rechten Weg zu finden. Sachliche Erwägungen werden meist den Ausschlag geben müssen.

⁵) Wilh. v. Tyrus bei Bongars I, lib. XXII. cap. 23.

⁶) Peregrinatores Medii aevi Quatuor ed. Laurent S. 88: sunt in ea habitatores ex omni natione quae sub celo est et vivit quilibet secundum ritum suum et, ut veritatem dicam, pejores sunt nostri, Latini, omnibus habitatoribus aliis.

⁷) A. a. O.: Item sunt ibi Armenii, Georgiani, Nestoriani, Nubiani, Jacobini, Chaldei, Medi, Perse, Ethiopes, Egyptii et multe gentes alie, que sunt Christiani; und weiter: Midianiti qui nunc Bodwini (Bebuinen) dicuntur et Turcomani.

⁸) A. a. O.: Cum aliquis fuerit malefactor, ut homicida, latro, fur, adulter transfretat; ut in penitencia vel qui timet pelli sue et ideo in terra sua timet stare; et sic de diversis partibus, ut Teutonia, Italia, Francia, Anglia, Ispania, Ungaria et de ceteris mundi partibus illuc veniunt, sed vere celum non animum mutant; a. a. O.: 89: malis parentibus fiunt filii peiores et ex his nepotes pessimi. Bemerkenswerth ist das Urtheil, das derselbe christliche Pilger S. 89 über die Saracenen fällt: sunt tamen hospitales multum et curiales et benefici; dagegen die Syrischen Christen: Latinis fidem nullam servant, misere vestiuntur et induuntur, parci sunt, eleemosynam non dant.

⁹) Es zeigt sich hier deutlich Wilken's Standpunkt bei dieser Verwickelung; er sagt III 2 S. 202 A. „Es ist klar genug, daß der Erzbischof (Wilhelm v. Tyrus) zur Gegenpartei gehörte; und in dem nachherigen Betragen des Grafen Raimund finden sich wenigstens Gründe, es nicht für entschieden zu achten, daß ihm so ganz vollkommen Unrecht geschah, als der Erzbischof es darstellt." Darin hat Wilken vollkommen Recht, daß er seines Berichterstatters moralische Entrüstung aus seinem Parteihasse erklärt; im Uebrigen scheint seine Behauptung theils unbegründet, theils unklar. Vergegenwärtigen wir uns die Lage der Dinge. An der Spitze stand ein König, durch körperliche Gebrechen mißtrauisch gemacht und geschwächt; das war bekannt: gelenkt wollte und mußte der König unter solchen Umständen werden; natürlich finden sich dazu immer Personen, die mehr oder weniger geeignet sind, dabei das Wohl des Staates zu fördern. Daß der Graf von Tripolis geeigneter war zur Reichsregierung als jener, leugnet Nie-

mand, warum also sollte er freiwillig die Regierung anderen Unfähigen überlassen, die er haßte und denen er verhaßt war? Insofern ist es richtig, daß der Graf sich seinen Einfluß sichern wollte, und jeder muß ihm dazu den besten Erfolg wünschen bei der bedrängten Lage des Reichs. Daß er es auf so ungeschickte Weise versucht hätte, wie man damals dem König einredete, ist eine Annahme, die mit des Grafen Klugheit durchaus im Widerspruch steht; gänzlich unerwiesen ist sie jedenfalls.

¹⁰) Das ganze Gesetz hat Wilh. v. Tyrus aufbewahrt in liber XXII cap. XXIII. Er sagt da: quatuor viri prudentes et fide digni. Wilken fügt dabei hinzu S. 225 a. a. O. „Offenbar waren diese Männer keine Ritter, sondern Bürger, wie ihr Geschäft mit sich bringt; diese Theilnahme der Bürger an der Erhebung und Verwendung einer Steuer ist eine in dieser Zeit sehr merkwürdige Erscheinung." Nach meiner Meinung ist diese Erscheinung zu merkwürdig, um glaubhaft zu sein. Wilhelms Ausdruck beweist weder für noch gegen jene Auffassung. Aber das scheint mir doch vollkommen unglaublich, daß in diesen Einschätzungskommissionen mit so wichtigen Funktionen Adel und Geistlichkeit keine Vertretung gehabt hätten, zumal wenn man erwägt, daß gerade diese Stände vorzugsweise zur Steuer beizutragen hatten und ferner, daß gerade bei ihren Einschätzungsobjecten die Reclamation gesetzlich ausgeschlossen war. Man überlege weiter, daß nach der Lage der Dinge jedenfalls der Grundbesitz eine sehr bedeutende Last der neuen Steuer zu tragen hatte; nun ist es doch undenkbar, daß man bei einer Einschätzung und Besteuerung des Grund und Bodens nur Bürger verwandte, die doch offenbar am wenigsten geeignet dazu waren. Welche Bürger sollten die Commissionen gebildet haben? ohne Zweifel doch nur Kaufleute, denn man wird nicht annehmen wollen, daß damals irgend eine andere bürgerliche Klasse dafür verwendbar war. Demnach muß Wilken's Meinung als irrig angesehen und vielmehr angenommen werden, daß außer den Kaufleuten auch Geistlichkeit und Adel in den Commissionen vertreten waren, man müßte denn glauben, daß diese Commissionen überhaupt blos für die Städte ernannt wurden: dann würde aber die Angabe über die Einschätzung sehr mangelhaft sein, was sich kaum annehmen läßt. Ein weiteres Eingehen auf die Art der Veranlegung muß ich mir hier versagen.

¹¹) Unter dem halben Byzantiner ist von dem Berichterstatter der Rabuinus genannt. Eine authentische Erklärung für diese Münze habe ich nicht gefunden; ob es mit ravus grau, grau-gelb zusammenhängt, also eine Münze, die stark mit Kupfer gemischt ist, bezeichnet, kann ich nicht sicher machen.

¹²) Hier ist gerade eine Stelle, wo Wilhelm von Tyrus glaubte ein Uebriges Weit gegenüber thun zu müssen, indem er den Eid so motivirt: eo quod singulis eorum fere de majoribus Regni membris portiones promiserat non modicas, ut ad id obtinendum quod petebat eorum suffragiis adjuvaretur et studio: quibus ut promissa compleret, simili vinculo dicebatur astrictus. Nos vero id asserendo dicere non convenit; quia pro recto compertum non habemus: ita tamen fama frequente vulgabatur in populo. Daß dergleichen zu geschehen pflegte, mußte der Erzbischof wissen, seine moralische Entrüstung mag sich hier momentan mit dem Streben nach Objectivität zu jener Aeußerung vereinigt haben. Allerdings bin ich auch der Meinung, daß kaum anzunehmen ist,

daß jeder seine Wünsche formulirt und Veit vorgelegt hat; mag auch nicht einmal andeutungsweise über dergleichen verhandelt worden sein, was ich nach der Lage der Dinge bezweifle, ein stilles Einverständniß bestand, bestimmte Hoffnungen hatten sich ausgebildet, deren Fehlschlagen ihm dann so bald jeden Boden unter den Füßen wegnahm; historische Analogien gibt es bekanntlich in Masse dafür; daher ist es offenbar mit zu erklären, daß er sich seine Entsetzung so ohne jeden Widerstand gefallen ließ.

13) „An diesen Ränken, welche wider den Grafen von Joppe geschmiedet wurden, war selbst seine Gemahlin Sibylle nicht ohne Antheil," meint Wilken a. a. O. S. 239 und stützt sich dabei auf die Stelle bei Wilhelm von Tyrus: suggerente hoc et ad id penitus hortante matre. Will man dabei auch dem Berichterstatter unbedingt glauben und sich Wilken's Auslegung gefallen lassen, so geht doch unbedingt aus Sibyllens späterem Verhalten hervor, daß dergleichen nur eine momentane Anwandlung hätte sein können.

14) Wilken meint S. 257: „daß Raimund selbst nach dem Thron strebte, ist wohl aus allen Verhältnissen klar genug." Allerdings, warum sollte er auch nicht? Es ist nur zu bedauern, daß sein Streben so schlechten Erfolg hatte. Jedenfalls braucht es nicht einer Stelle Jacobs v. Vitry, der hierfür kein besonderer Gewährsmann ist, um Wilken's Behauptung glaublich zu machen.

15) Wilken meint hierzu a. a. O. S. 274. „Auch die nachherigen Ereignisse beweisen deutlich das allgemeine Mißtrauen gegen den Grafen Raimund, welches denn freilich begründet genug war," und stützt sich für die Behauptung der Unehrlichkeit Raimunds auf das Zeugniß Rogers v. Hoveden, eines späteren Chronisten, dessen eigene Angaben sehr vorsichtig aufzunehmen sind, zumal in einer solchen Sache; seine Quellen haben ihm nicht von Raimund gesagt: qui nuper cum Rege foedus fraudulenter inierat. Die „nachherigen Ereignisse" beweisen zum Theil wenigstens eher das Gegentheil, nämlich daß es Raimund offen meinte, wie in dem Kriegsrath, wo ihm allgemeines Vertrauen wurde; lediglich der Templer zeigte „Mißtrauen".

16) Wilken folgt merkwürdigerweise Hugo Plagon's Fabel von der Vergrabung des Kreuzes, deren Unwahrheit ganz offen am Tage liegt, zumal er Saladin's Brief für ächt hält, der sich ja zur Herausgabe des Kreuzes bereit erklärt. Vergl. auch Riezler 23, A. 3.

17) Daß die Beschuldigung, als sei Raimund nach Einverständniß mit den Türken geflohen, falsch sei, ergibt sich aus den Berichten Coggeshale's und Bohaeddin's, die allein den Ausschlag geben können. Wilk. 286.

18) Ich bin bei dieser Darstellung den Annalen gefolgt, die Boehmer als Argentinenses, fontes 66—113, Wilmanns M. G. SS. XVII als Marbacenses herausgegeben hat. Eine Untersuchung über Benennung und Autorschaft dieser Annalen liegt außer dem Bereich dieser Schrift; ich verweise in dieser Beziehung auf Boehmers Bemerkungen in der Vorrede zu der oben angeführten Ausgabe p. XXII ff. und andrerseits zu der Wilmanns' in den M. G. a. a. O. 142 ff.; insbesondere aber auch auf den Aufsatz im Archiv XI S. 115 ff. Mag also in beregter Beziehung auch eine Differenz zwischen den Herausgebern bestehen, so stimmen doch beide darin überein, daß „die Erzählung der Jahre 1180—1202 im Allgemeinen das Gepräge gleichzeitiger Aufzeichnung trägt;" s. Wilmanns im Archiv S. 126; ja Boehmer meint, a. a. O. p. XXVI „ihr Verfasser scheint gegenwärtig gewe-

sen zu sein, als 1186 (1187) zu Straßburg vor Friedrich I. das Kreuz gepredigt
wurde." An diesen Straßburger Bericht schließt sich im Ganzen Ansbert an
S. 17; nur kennt er die Einzelheiten nicht so genau. Im Ganzen folgt auch
der Anonymus bei Canisius diesem Bericht und es ist charakteristisch, wie er ihn
in seiner Weise umgestaltet. Der miles unicus wird schon durch die erste Rede
bewegt, weil dem Berichterstatter das plausibler schien; durch die Rede des
Bischofs Heinrich von Straßburg, die er in extenso folgen zu lassen das Be-
dürfniß hat, werden dann die Fürsten und Ritter zur Annahme des Kreuzes bewegt. Der Kaiser, meint der Anonymus, hatte innerlich auch schon längst den
Entschluß gefaßt den Zug zu unternehmen, aber er wollte erst abwarten, was
die Ritter und Fürsten thaten; die Marbacher resp. Straßburger Annalen motiviren des Kaisers Zurückhaltung dagegen mit Recht damit, daß er noch mit dem
Erzbischof Philipp von Köln in Streit gewesen sei. Auch Riezler entscheidet sich
ähnlich 10 ff.;

19) Wilken IV S. 50 verwechselt den Nürnberger Reichstag am 2. Febr.,
auf welchem ohne Erfolg mit Philipp von Köln verhandelt wurde, mit dem in
der Christwoche gehaltenen, so daß ihn das jam cruce signatus zu der un-
richtigen Annahme zwingt, daß der Kaiser schon vor dem Mainzer Reichstage
das Kreuz genommen habe.

20) Ich folge hier im Widerspruch mit den übrigen Quellen Gerlach's Mittheilung, die sich in einer Randnote zu Ansbert findet: ed. Dobrowsky S. 18:
ad hanc curiam cum episcopus Heinricus venire non posset, misit Ricolfum
de Stragov, virum literatum, qui reversus omnia quae ibi vidit et audivit,
prius episcopo, deinde omnibus nobis fideliter narravit. Weßhalb keiner der
Neueren, auch Riezler nicht, die cit. Stelle beachtet oder nur erwähnt, kann ich
mir nicht erklären. Was den Cardinal von Mainz fern gehalten hat, läßt sich
höchstens vermuthen.

21) Schlosser's Annahme III 1. 472 als sei „Friedrich plötzlich durch die
Rede des Legaten bewegt worden, sein Entschluß sei die reine Wirkung eines
augenblicklich angefachten Feuers" gewesen, ist irrig; die von ihm angezogenen
Stellen beweisen nichts.

22) Bernh. Thess. Muratori VII S. 804 nennt Philipp von Schwaben, indem er ihn mit dem späteren Kaiser verwechselt.

23) Die Reinhartsbrunner Annalen ed. Wegele 44 geben XIII milia signa-
torum an. Dergleichen Angaben beruhen auf Tradition, sind also mit Vorsicht
aufzunehmen. Vergl. Riezler 18.

24) In Ermangelung eines Werkes über das Münzwesen dieser Zeit muß ich
mich bei den Werthbestimmungen der Münzen an Einzelbestimmungen halten.
Das Diplomatar. Lubecense I Num. CLXXVII, nach 1251 gegeben, giebt den
Werth einer Mark auf XIII Solidi und IV denare, natürlich Silber, an; und
in gleichem Werth ebenda in einem Dokument aus dem Jahre 1298 lib. II N.
CIII; ebenso ein solches aus dem Jahre 1214 bei Lacomblet Diplomatar. Rheni
infer. II No. 47. Nach der Berechnung Seetbeer's, mitgetheilt in Peregrinatores aevi medii Quatuor ed. Laurent 1864 S. 91. A. 686 betrug der spätere
römische Denar 2, 69 Slbgr. preuß., welcher Werth sich während des Mittelalters wohl nicht wesentlich geändert hat, ein reiner Solidus von Silber demnach
1 Thlr. 1½ Slbgr., oder in der Ausprägung 29 Slbgr., eine Mark also ohn-

gefähr 13 Thlr., die ebengenannten drei Mark also ca. 39 Thlr. inneren Werth. Was nun die Bestimmung des relativen Werths angeht, also gleichsam die Uebersetzung jener Summe in ihre heutige Geltung, so bietet sich gleich unten ein Anhaltspunkt, wo gesagt wird, daß der Preis für 4 Ochsen auf 1 Mark, also 13 Thlr. von den kaiserlichen Commissären in Ungarn gesetzt wurde, das würde also für einen Ochsen ohngefähr den Preis von 3 Thlr. 10 Sbgr. ergeben. Nimmt man nun auch an, daß das für die damalige Zeit der normale Preis war, so ist es doch mißlich und fast unmöglich daraus einen stricten Schluß für heute zu machen, da dazu Nachrichten über andere Consumtionsartikel nothwendig wären, um zu vergleichen, ob die Viehpreise in demselben Verhältnisse zu den Preisen der übrigen Lebensbedürfnisse standen wie bei uns. Diese Gleichheit vorausgesetzt, würde der relative Werth jener Summe also ungefähr das 20fache des inneren sein; so repräsentirten jene 3 Mark einen Werth von ungefähr 800 Thlr.

25) Ueber das Edikt Riezler 17. Das Itinerar reg. Rich.: hoc iter nullus arriperet, cujus facultas ad sumptum annuum insufficiens videretur.

26) Daß die Sendung des Grafen Dietz keinen andern Zweck gehabt habe, habe ich schon Seite 4 ausgesprochen.

27) Itinerar. peregr.: Vehicula vero quam plura propter itinerarios egrotantes constructa fuerant, ne vel sano infirmus moram necteret vel languentium turba ob iter destituta periret.

28) Die Annales Col. Max. a. a. O. S. 794 Z. 33 f. berichten hier fälschlich: Fridericus, filius imperatoris, dux Sueviae, filiam Bele Ungaris regis ducit uxorem.

29) Riezler 18 glaubt den Hauptgrund für diese Entscheidung des Kaisers in seiner Freundschaft zu Kilidsch Arslan suchen zu müssen. Es ist unzweifelhaft daß zwischen beiden ein gutes Verhältniß bestanden hat, aber ob der alte Sultan damals noch Alleinherrscher (Hammer, Gesch. des Osman. Reichs) war, konnte dem Kaiser bei seinen genauen Beziehungen nicht gewiß sein, außerdem läßt sich wohl nicht annehmen, daß Friedrich auf eine so allgemeine Beziehung hin einen so wichtigen Entschluß gefaßt hat; ferner kannte er die griechischen Verhältnisse so weit, daß sie ihn zum Landweg nicht ermuthigen konnten. Nach meinem Dafürhalten mußte schon der Mangel an Schiffen den Kaiser vom Seeweg abhalten. Daß viele diesen riethen beruht auf den mannigfachsten Ursachen, theils Unkenntniß, theils frommen Wünschen und christlichem Eifer. Man müßte bei den italienischen Seestädten sowohl als bei König Wilhelm v. Sicilien den besten Willen voraussetzen, wozu, besonders was jene angeht, wir nicht berechtigt sind. Der Kaiser hat ohne Zweifel mit ihnen verhandeln lassen, aber entweder erhoben sie ohne Weiteres Schwierigkeiten, oder was mir wahrscheinlicher ist, sie stellten Gegenbedingungen, deren Erfüllung Friedrich nicht garantiren konnte. Im Uebrigen vergl. Riezler 19 f. 58 A. 3.

30) Riezler 34 ff.

31) Arn. v. Lübeck hat die sonderbare Nachricht, daß 500 Verbrecher hier vom Kaiser zurückgeschickt wurden. Abgesehen von der Zahl scheint die Sache unglaubhaft, weil man dem Kaiser doch keine solche Handhabung der Justiz zutrauen kann, daß er, um solche Verbrecher los zu werden, sie ins Reich zurückschickte. A. v. L. hat wohl die Bestrafung einzelner und die Zurücksendung Mittelloser confundirt.

³²) Riezler 25 f.; daf. auch eine Zusammenstellung der Zahlen.

³³) Zu der erschöpfenden Uebersicht der Theilnehmer, Riezler 141 f. erübrigen mir nur noch wenige Bemerkungen. Der freilich wenig zuverlässige Bericht bei Matth. vet. anal. V 654 nennt Grave Derik van Cleve — ob Ansberts Leodic. german. comitis de Clavien? ferner Grave Wellem van Ostfrieslant syn soon; Swalenberg ist die Herrschaft, in der Pyrmont liegt. Riezler's Erklärung von Jazarensis für Zara ist mir nicht unbedenklich, der Jacezensis liegt dem Jazarensis lautlich unbedeutend näher als der Jauriensis; jener ist aber nicht unbestritten der von Zara, dieser aber sicher der von Raab; dieser hatte dem ungarischen König Folge zu leisten, jener nicht. Bei der S. 102. von mir erwähnten Gesandtschaft wird auch ein Graf von Tuscien erwähnt, ob der bei R. 143 genannte Duras? Was den Neuenburger betr., so kann ich Wilken und Riezler nicht folgen; ihr Gewährsmann ist zunächst der anonym. Canis. der keiner ist, bef. für eine solche Nachricht; wenn Ansb. den Bruder des Zähringers bef. erwähnt, würde er den Herzog selbst gewiß erwähnt haben; wie sollte dieser nach einem Schlosse hier benannt sein, das in keiner Urkunde unter seinen Titeln vorkommt? Neuenburg war damals auch kein Zähringisches Gut (vergl. Spruner Deutschld. V) deshalb wird auch Schöpflin (hist. Zaringo-Bad. I. 15) Recht behalten, daß Berthold V. an diesem Zug nicht theilgenommen hat.

³⁴) Riezler 27.

³⁵) Der von annal. Reinh. gegen Bela ausgesprochene Verdacht ist sicher in dieser Weise unbegründet; Ansbert schwankt. S. Riezler 27, 6 u. 52 f.

³⁶) Wenn annal. Col. u. anonym. Canis. statt Gran hier vicus resp. civitas S. Georgii nennen, woran Wilf. Anstoß nimmt a. a. O. 59, so ist damit die Georgenstadt, eine Vorstadt Gran's, gemeint.

³⁷) Wien. Jahrb. der Lit. 42 S. 26 u. 27.

³⁸) Eutop. IX, 11; Vopisci Probus imperator c. 21

³⁹) Arnold von Lübeck hat hier die Notiz, daß der Marsch über Sclankemunt und das Wasser Eiza resp. Erza gegangen sei und zwar nach drei Tagen und drei Nächten mit Verlust von 3 Rittern. Der neueste Herausgeber Arnolds sagt in der Schulausgabe S. 130 A. 2. Fluvium Eizam cui fortasse ab urbe Esseg nomen inditum est, Drawam fuisse, patet ex Ansberto. In Bezug auf die Bezeichnung der Stadt sagt der Herausgeber: De urbe Sclankemunt et hic nostrum errasse und citirt die Wien. Jahrb. S. 27. Es bleibt zweierlei zu erklären: Erza und Sclankemunt. In der oben angeführten Erklärung ist die Meinung ausgesprochen, daß eine Confusion zwischen Esseg und dem Flußnamen vorliege; wie kommt er aber dann zu dem Stadtnamen Salankemen? denn der ist natürlich gemeint. Daß jene Confusion stattgefunden habe, erscheint mir an sich nicht unmöglich. Aber die Nennung von Salankemen ist doch wohl nur daraus zu erklären, daß irgend ein Theil der Kreuzfahrer den Weg nördlich vom Fruschka-Gebirge genommen habe, eine Erklärung, die sich indeß weder durch Unwahrscheinlichkeit noch Evidenz auszeichnet; in diesem Fall könnte auch Eiza durch Theiß erklärt werden. Vergl. Riezler 28, 2.

⁴⁰) Riezler 28.

⁴¹) Das von Ansbert erwähnte, Belgrad gegenüber liegende Gowin kann entweder Semlin oder Panizowa an der Temes sein. Daß sich Gowin aus der späteren Stelle, wo Ansbert Engelberts Tod erwähnt, in der Weise da-

hin verirrt haben solle, wie die Wiener Jahrbücher a. a. O. S. 29 meinen, kann mir nicht einleuchten. Vergl. Riezler 142 unter Berg.

¹²) Bei dieser Bestimmung kann ich mich der Meinung der W. J. nicht anschließen, welche Branitza beim heutigen Kastolatz suchen; nach Lejean's Karte in Petermanns Mittheilungen, Ergänzungsheft 4 liegt jenes 2¾ Meilen nördlicher als dieses.

¹³) Auch bei der Bestimmung über die Lage dieses Ortes glaubte ich mehr der Karte Lejean's folgen zu sollen; diese bietet zwei ähnliche Namen: Ravan im oberen Thal der Mlava; Ravanitza, von jenem nach SSW. gelegen, nicht weit von der Morava. Für das letztere, auf den Karten gewöhnlich als Kloster Ravanitza verzeichnet, entscheidet sich der Verfasser in den Wiener Jahrb. a. a. O. S. 37—40 und nach ihm Riezler 29. Eine sichere Entscheidung wird sich allerdings kaum herbeiführen lassen; ich glaubte mich für Ravan entscheiden zu dürfen, weil, wenn das Heer die Uebersteigung des Gebirgs vermeiden wollte, es am besten seinen Weg durch das Thal der Mlava nehmen und dann nach S. W. das Haidüesi-Geb. umgehen konnte, um so nach Nissa zu gelangen; allerdings wäre auch mit einer nicht gerade allzu bedeutenden Abweichung nach N. W. Ravanitza zu berühren gewesen. Aber es scheint mir auch das in silvestribus Bulgariae quum civitati Rabnel appropinquaremus gegen Ravanitza und für Ravan zu sprechen.

⁴⁴) Die Redensarten des griech. Gesandten beweisen mehr als zur Genüge, daß dem Griechen nichts erwünschter kam, als die verwilderte Natur seiner Unterthanen; es lohnt sich nicht bei der politischen Stellung der Griechen, bei dem Charakter und den Wünschen des Byzantiners und seines Statthalters eine Lanze für ihre anfängliche Vertagstreue zu brechen. S. Riezler 29.

⁴⁵) Die frühere Hauptstadt der Serben war Rasca in Rascien, Raizenland, zwischen Ravanitza und Nissa.

⁴⁶) Lejean meint a. a. O. S. 20, daß mit den als Bundesgenossen der Bulgaren bei der Begründung dieses Reichs durch die Assaniden genannten Blachi nicht die eigentlichen dacischen Walachen, sondern die Zinzaren oder Kutzovlachen, Bastardwalachen, gemeint seien und stützt sich dabei auf die Behauptung einer Chronik, die erzählt, daß der Kern dieses Volks in die Karpathen geflüchtet sei und sich dort behauptet habe, bis sie später unter ihren Führern nach Südosten gezogen seien. Damals, meint L. nun, seien sie noch nicht von den Karpathen herabgestiegen und mit den Blachi müßten also jene Mauro- oder Kutzowalachen gemeint sein. Das „damals" Lejean's steht aber auf sehr schwachen Füßen. Bei der Rolle, die diese Walachen hier sowohl als in den Byzantinischen Berichten bei der Begründung des neuen Reichs spielen, bei der Masse der Streitkräfte, die sie stellen konnten, ist doch jene Annahme durchaus unwahrscheinlich. Indeß muß ich mich natürlich hier nur auf das Aussprechen von Bedenken beschränken.

⁴⁷) Vergl. Riezler 30.

⁴⁸) Der Brief des Kaisers an seinen Sohn gibt 32 an.

⁴⁹) Wie bei dem Abschnitt über Tageno S. 15 bereits erwähnt ist, ist wohl Hals zu lesen, denn die Güter derer von Hals, die später in den Grafenstand erhoben wurden, lagen in dem Bisthum Passau an der Donau.

⁵⁰) Tageno hat hier den 11. August angegeben; ob die Differenz mit Ansbert daher kommt, daß sich ihre Nachrichten auf verschiedene Heerestheile beziehen, ob

von Gedächtniß- oder Abschreibefehlern läßt sich schwer entscheiden; ich bin durchgängig, auch bei den folgenden Differenzen Ansbert gefolgt, weil ich der Meinung bin, daß dieser nach seiner ganzen Tendenz und Stellung eher im Stande war, das allgemein richtige Datum anzugeben.

⁵¹) Ueber Sofia s. Wiener Jahrb. 43 f.

⁵²) Nach Tageno wird am 15. August die dritte clausura gestürmt. Weiter unten liegt ebenfalls eine Differenz von mehreren Tagen, bei der Ueberreichung des griech. Schreibens vor.

⁵³) Für die Erklärung des Namens Circuiz wird kaum etwas Anderes übrig bleiben als mit den Wiener Jahrb. S. 46 ihn für eine Corruption aus Maritza oder Morawitza zu nehmen, so daß er die Thalebene dieses Flusses bedeutet; oder man müßte ihn mit dem Städtenamen Listiz, den Arnold v. Lübeck als letzte Station vor Philippopel angibt — auch Tageno spricht von einem Ort Circuice — zusammenbringen, so daß diese Stadt wohl Tatar-Basartschik wäre, 13 Stunden von Philippopel, in dessen Nähe neuere Reisende die Trümmer einer alten Stadt gesehen haben wollen.

⁵⁴) Riezler 35 ff. und über den Brief an Saladin 51 f.

⁵⁵) Nach der Tabula Peuting. liegt Beroë $10^3/_5$ Meilen von Philippopel auf der Straße nach Anchialos; $20^4/_5$ Meilen von Adrianopel; die Acta S. Alex. geben an, daß sie östlich von Philippopel, unweit des Flußes Arzos, $11^3/_5$ Meilen entfernt liege. Vergl. Wien. Jahrb. S. 46 ff. Spruner scheint sie mir demnach etwas zu weit westlich gelegt zu haben.

⁵⁶) Die Herrschaft Calentin oder Kalden liegt an der Iller nördlich von Kempten im bairischen Allgäu. Die Grafen von Pappenheim stammen von dem Geschlecht Kalden ab, vergl. Joh. Al. Döderlein 1739.

⁵⁷) Wiener Jahrb. S. 51.

⁵⁸) Pernis wohl aus Petritsch verschrieben.

⁵⁹) Annal. Col. Max.: cum igitur custodiis laxarentur datae sunt iis claves omnium custodiarum permissumque omnibus Christianis libere exire; das ist natürlich eine überschwengliche Nachricht, die sich zum Theil aus dem Standpunkt des Verfassers, zum Theil auch aus der Natur seiner Quelle, die durchweg Tradition ist, erklärt.

⁶⁰) Die Wiener Jahrb. sagen, Blisimos sei zu suchen, wo der Bach Jabina einfließe in die Maritza, dem Dorf Bahadere gegenüber. In dieser Richtung bietet nun Lejean's Karte ungefähr Papasli oder Papaslu; ich habe mich dafür entschieden trotz der verhältnißmäßig geringen Entfernung, weil der Kaiser sich von Philippopel doch nicht sehr weit entfernt haben wird, wenn er dahin zurückkehren wollte. Es liegt auf der Straße nach Adrianopel zu. Worauf die Wien. Jahrb. übrigens die Behauptung stützen, daß der Uebergang über die Maritza erst später stattgefunden habe und daraus allerhand folgern, kann ich nicht einsehen.

⁶¹) Die Wiener Jahrb. weisen mit Recht ab, daß mit diesem Probaton oder Verbaton die jenseits des Hämus gelegene bulgarische Stadt Provadia gemeint sein könne, geben aber an, die Lage der Stadt nicht bezeichnen zu können. Nach der Einsicht in die neueren Karten, insbesondere die Lejean's halte ich es für das Wahrscheinlichste, daß Probaton etwa verderbt sei aus Paliana, einem Ort am Südostabhang des Standschea-Gebirges, ungefähr 12 Meilen von Adrianopel,

nicht allzuweit von den Quellen des Erghene, nordöstlich von Kirkilissa. Die Entfernung des auch von Riezler 44 angenommenen Prowad — 24 Meilen von Adrianopel — erscheint mir bedenklich bei diesem Zug.

⁶²) Daß es die Wiener Jahrb. nördlich von Adrianopel legen, beruht offenbar auf einem Druckfehler.

⁶³) Wiener Jahrb. S. 58 f.

⁶⁴) Markowo heißt bei dem anonym. Can. Manikowo; sonst nennt es nur noch epistola de morte als Maniceta; darnach ist Riezler 45 zu berichtigen.

⁶⁵) Wiener Jahrb. S. 59.

⁶⁶) Aus den Berichten geht hervor, daß der Herzog nicht während jenes ersten Kampfes, wie die Wiener Jahrb. meinen, hinzukam, sondern erst einige Zeit nachher jene in ihrem Schlupfwinkel aufsuchte; so auch Riezler 45.

⁶⁷) Die Bestimmung von Grabhiz als Hissar scheint mir immer noch das Wahrscheinlichste. Abgesehen von den sehr bedeutenden Entfernungen, kann ich an eine Uebersteigung der Rhodope durch einen Haufen deutscher Ritter kaum glauben; daß die Gegend um Saloniki Flachia geheißen haben soll, ist mir gänzlich unwahrscheinlich; das non multum a Thessalonica scheint mir einer von den vielen geographischen Schnitzern. Riezler 45, 3.

⁶⁸) Daß Culos mit Colla dasselbe ist, welches die Tabula Peut. XX röm. Meilen nordwestlich von Enos setzt, scheint zweifellos, daß aber, wie die Wiener Jahrb. weiter meinen, die heutige Bezeichung nur eine gewöhnliche Umgestaltung und Anpassung des ursprünglichen Kolla oder Koela zu sein scheine, um mit demselben einen Sinn zu verbinden, scheint mir ebenso zweifelhaft. Schafarik muß erst den differirenden Namen Koela annehmen, um überhaupt eine Basis für jene Conjectur zu gewinnen; daraus sollen nun die türkischen Benenner Köi gebildet und dazu einen beliebigen Zusatz gemacht haben. Es ist doch ersichtlich, daß wenn ein Volk sich einen solchen Namen mundgerecht machen will, es den fremden Ueberrest in seiner Weise ausspricht und ihm allenfalls durch Anhängung von —dorf (köi) —stadt ꝛc., eine auch ihm verständliche Bedeutung verleiht; zur Anhängung von dergl. braucht es keinen fremden Ueberrest zur Stütze und wird ihn nie gebrauchen. Jene Conjectur wäre also doch nur annehmbar, wenn Kol oder Köl dem Laut nach mit Tschelebi zusammen zu bringen wäre, wie weiter unten z. B. aus Rossa Rus-Köi entstanden ist.

⁶⁹) Die Wiener Jahrbücher lesen mit Recht statt Menos, wo das M leicht von dem Vorhergehenden sich herüber gezogen haben kann, Enos. Ansbert fabelt von dem Aufenthalt des Menelaus und der Helena in dieser Stadt.

⁷⁰) Arnold von Lübeck berichtet a. a. O. S. 678, daß man, um etwas Feineres zu genießen, acht Ochsen für ein Huhn gegeben habe; eine Nachricht, die kaum buchstäblich zu nehmen und für seine Art von Quellen bezeichnend ist; man hört die Tradition heraus, die gern solche Formen annimmt. Riezler's Darstellung des folgenden Vorganges 46. f. A. 5 kann ich aus Ansbert 45. 46. nicht herauslesen.

⁷¹) Die Wien. Jahrb. entscheiden sich mit Recht bei der Feststellung dieses Orts gegen das Constantia am nördlichen Donauufer und am schwartzen Meer, bezeichnen aber das dritte, was allein in Betracht kommen kann nur dadurch, daß sie sagen, es sei das am Nebenbach des oberen Hebrus gelegene. Es müßte also nach allen Karten, die mir vorgelegen haben, westlich von Philippopel sein;

die Einen geben es direct westlich von dieser Stadt in einer Entfernung von mindestens 5—6 Meilen an, wie Spruner, Andere mit einer kleinen südlichen Abweichung. Daß aber ein Marsch nach Westen sinnlos war, ist an sich verständlich, auch beweisen Tageno's Angaben die Unmöglichkeit. Von Philippopel bis Constantia marschirten die Kreuzfahrer vom 15. bis 21. Januar und nun sollten sie nach dem Aufenthalt, der nach Ansbert aliquot dies dauerte, von jenem Constantia bis zum 5. oder wie Tageno angibt 6. Februar nach Adrianopel marschiren, was doch gänzlich unwahrscheinlich und kaum möglich erscheint. Der letzte Nebenfluß der Maritza vor der Tundscha hat wie seine Nebenflüsse keinen Namen, der dem von den Wien. Jahrb. gegebenen entspräche. Von den bekannten oder von den Karten gegebenen Städtenamen kann es hier keiner sein; es erschien mir so als das Wahrscheinlichste, den Ort da zu suchen, wo Lejean den Namen Busdanje (vielleicht lautlich mit Constantia zusammenzubringen) verzeichnet hat, das nach O=N=O. von Philippopel und O=S=O. von Beröa an einem Nebenflusse der Tundscha liegt.

72) Die Herausgeber des Ansbert in den Fontes lesen hier usceria, die Pitersche Abschrift hat aserias, Dobrowsky ascrias, alle drei sind mir unverständlich; es scheint eine Verderbtheit vorzuliegen, die vielleicht durch das naheliegende actuaria verbessert werden könnte, welches ganz flach gebaute Segelschiffe mit Rudereinrichtung bedeutet. Die Angaben über die Zahl der Schiffe weichen bei den einzelnen Schriftstellern sehr ab; im Allgemeinen wird man sich Ansbert anschließen müssen.

73) Die Annal. Col. Max sagen: imperator autem compositioni assensum dare noluit nisi et nuncii Soldani cum suis dimitterentur; diese Angabe bezieht sich natürlich auf die Gesandten des Sultans von Iconium.

74) Riezler 58 f.

75) Die Annal. Col. Max geben irrthümlich an: obsides viginti quatuor und Hug. Chron. continuatio Weingart. gibt sogar octingentos obsides usque Iconium deducendos. Vgl. über die Geiseln Riezler 50.

76) Die Annal. Col. nennen das dona regia.

77) Riezler 47 scheint mir zu schwanken.

78) Annal. Placent.: Imperator autem Fridericus libenter volebat ire ad expugnandam Constantinopolim, tamen consilio principum habito viam rectam obtinuit, ut quam cicius posset auxilium christianis praestaret.

79) Tageno bemerkt, daß am 21. dieser Ritter bei Abrusia begraben worden sei. Eine derartige Stadt läßt sich aber nicht auffinden, man müßte denn das weiter abliegende Beristeri dafür halten; es scheint mir daher sehr wahrscheinlich, daß dieser Name durch ein Versehen des Abschreibers aus ap. Rossam entstanden ist, bei welcher Stadt der Ritter hatte zurückbleiben müssen und verschieden war.

80) Brachol wird von den Wiener Jahrb. für Bulaiföi erklärt, drei Meilen nördlich von Gallipoli; es ist das Buteir Lejean's.

81) Wie bereits Anm. 72 angedeutet differiren die Angaben über die Zahl der Schiffe bedeutend; Annal. Col.: trecentas galcidas supra promissum eis exhibuit. Hug. Chronic. contin. Weingart: mile quingentas naves et viginti galeas. Und daraus wie schon früher bemerkt der überarbeitete Tageno bei Aventin und Freher. Ich schließe mich wie gesagt Ansberts Angaben an.

⁸²) Büdinger hat a. a. O. S. 376 die Angaben über die Ueberfahrt nicht ganz richtig referirt: „Der Uebergang über den Hellespont dauerte nach Ansbert sechs Tage, indem er den Ruhetag am Ostermontag in Abrechnung bringt, der ganze Zeitraum beträgt dagegen nach den Angaben des Tageno und der Kölner Annalen 7 Tage." Tageno in der Reichersberger Chronik gibt keine Gesammtzahl an, sondern bezeichnet als Anfangsdatum den 23. und als Schluß den 28., daraus folgt, daß er auch blos sechs Ueberfahrtstage kennt, nur mit dem Unterschied, daß darunter der Ruhetag schon eingerechnet ist, indem er nämlich den 22., den Tag, wo der Herzog von Schwaben übersetzte gar nicht in Rechnung bringt, denn er läßt die Ueberfahrt erst am 23. beginnen. Der Tageno aber bei Aventin und Freher hat wie Hug. chron. cont. Weing. 7. Tage. Die Kölner Annalen dagegen sagen: in cena domini et per continuos VII dies dux Sueviae cum omni multitudine transivit. Octavo demum die imperator transiturus praecedere noluit, nisi prius omnes pauperes peregrini transvectos cognovisset. Et tandem ipse in navi regia transmeans cet. Nach diesem Bericht hätte also die Ueberfahrt vom Donnerstag 22. bis incl. Freitag den 30. gedauert, eine Angabe, welche auf einer irrthümlichen Tradition basirt. Sonst vergl. Riezler 51.

⁸³) Es ist von großer Schwierigkeit, hier die Marschroute genau anzugeben, da fast keiner der von den Berichterstattern gebotenen Namen mit Sicherheit unterzubringen ist. Daß der Weg nicht am Meere her ging, scheint mir nach den Berichten zweifellos; das Meer wird auf den ersten Märschen gar nicht erwähnt, im Gegentheil sprechen die Berichterstatter sofort von waldigem und bergigem Terrain, so Ansbert und Tageno, auch die Kölner Annalen sagen; transito namque mari statim in montana venerunt; dafür spricht auch, daß sie alle Transport- und Lastwagen zurücklassen mußten. Wie Wilken sich die Marschroute gedacht hat, ist mir nicht klar geworden. Er erklärt zutreffend Spigast für Pegae; nachdem also das Heer soweit nördlich und im Innern steht scheint er doch nachher den Weg an der Küste anzunehmen (IV. p. 105 u. 106 Anm. 110). Ansbert's Angabe, daß sie Troja zur Linken gehabt hätten, muß auf einem Irrthum beruhen, der vielleicht durch die veränderte Marschrichtung und die eigenthümlich gewundenen Bergzüge zu erklären ist, denen das Heer folgte. Auch Riezler stimmt damit im Ganzen überein 54, 1. Ich habe mich bei den specielleren Angaben der Marschroute insbesondere auf die Tagebücher P. von Tschihatscheffs in Petermanns Mittheilungen, Ergänzungsheft 20, die Anmerkungen Kieperts und die von diesem redigirte vortreffliche Karte gestützt.

Der Aufmarsch des Heeres wird von Gallipoli nach Süden an der Küste erfolgt sein, und der Zug dann die oben gegebene Richtung genommen haben; daß er nicht nördlich vom Gülgendagg hingegangen ist, scheint mir schon um deswillen nicht wahrscheinlich, weil dann der Uebergang über den Itschi-Fluß hätte erfolgen müssen, der doch nicht erwähnt ist.

⁸⁴) Daß die Kreuzfahrer schon damals in dieser Stadt christliche Landsleute getroffen hätten, wie Wilken VI, S. 105 f. Anm. meint, scheint mir kaum glaublich, weil sich bei keinem Berichterstatter auch nur eine Andeutung davon findet.

⁸⁵) Daß dieses der Weg gewesen sei, scheint mir nicht zweifelhaft; denn mit via lutosa et vallosa scheint nichts Anderes bezeichnet zu sein, als das eben angegebene Thal, in welchem das Dorf In-owa, d. h. Höhlenebene, liegt; während

dann mit dem magnum flumen Avelonica nur der Kazdagh-Su gemeint sein kann. In der Angabe der Data findet sich hier eine Differenz zwischen Ansbert und Tageno; dieser giebt den 3., jener den 4. als Tag des Fluß-Uebergangs an.

⁸⁵) Der Freher'sche Tageno hat hier das Richtige, denn er giebt Thyatira hinter Coloniara, soll heißen Calamor, an. Diese Stadt Thyatira liegt nach den Angaben der Tabula Peut. und dem Itiner. Ant. S. 336 von Magnesia an Sipylus 36, von Pergamum 58 röm. Meilen.

⁸⁷) Die geographischen Angaben der Berichterstatter sind folgende: Am 6. April ging der Marsch zwischen Archangelos und einem gewissen Castell hindurch, wo auch gerastet wurde; am 7. kam man auf die Straße, dann durch deserta quaedam Romaniae, so daß man sich auf 8 Tage verproviantiren mußte. Am 9. April kam man nach Sycheron im Thal Ascaratana, wo das Heer wegen mangelnden Marktes zu murren begann, während der griechische Statthalter das Land verlassen hatte. Am 13. April, nach Tageno am 14., kam man zu dem Castell Calomon (Tag.) oder Calamor (Ansb.) wo bei den interjacentibus montauis zwei Soldaten getödtet wurden. Am 15. April marschirte man durch das zerstörte Meleos, dann durch Ayos, wo die Geschenke des griechischen Kaisers ankamen; 18. April in Alos. (Wilk. IV. 106). Diese Orte vermochte ich nicht zu bestimmen.

⁸⁸) Annal. Col. Max.: Philadelphiae princeps peciit ab imperatore: ne cum exercitu urbem intraret se ei extra posito omnia necessaria abundantissime provisurum. Quod et fecit.

⁸⁹) Annal. Mediol. Videns multitudinem exercitus imperatoris, et cum non posset resistere, venit ad imperatorem, promisit ei forum dare et si vellet civitatem intraret cum paucis. Der folgende Kampf hätte ohne Wissen des Kaisers zwei Tage und zwei Nächte gedauert.

⁹⁰) Annal. Mediol. l. c.

⁹¹) Vergl. Büdinger a. a. O. 377 f.

⁹²) Wilken IV. 108. Auch neuere Reisende kennen noch den Namen Messogys für das Gebirge bei Hierapolis.

⁹³) Die Confusion in Chron. Reichersb. ist bereits früher erwähnt. An der Stelle von Tripolis liegen jetzt zwei Dörfer Kachechinde und Ostraven.

⁹⁴) Die Vorwürfe, die Riezler (55, 4) hier Ansbert wegen mangelhafter historischer und geographischer Kenntnisse macht, setzen doch mehr voraus, als man von dem Berichterstatter billigerweise verlangen kann.

⁹⁵) Ansbert hat hier den Excurs über die griechische Kirche, der Büdinger den Eindruck einer Tagebuchsnotiz macht. a. a. O. 378.

⁹⁶) Vergl. Bar. Greg. Brief, Wilken IV. Beil. 4.

⁹⁷) Siehe über den unwahren Bericht H. Plagens und über den im Itinerar. Wilk. IV, 110.

⁹⁸) Die von Nicetas bezeichnete Stadt Γιγκλάριον, den Ort dieses Gefechts, giebt Spruner östlich von Colossae.

⁹⁹) ep. de morte giebt vor Sozopolis an: venimus ubi fluvius Mandra oritur.

¹⁰⁰) Auch Nicetas beschuldigt die Türken der Treulosigkeit.

¹⁰¹) Der Paß, wo Kaiser Manuel 1172 geschlagen wurde, ist doch wohl am nordöstl. Abhang der Sultan-dagh zu suchen; warum ihn Spruner viel weiter

nordöstlich legt, weiß ich nicht. — Am 25. April war man nach Laodicäa gekommen und blieb dort den Rest des Tages; am 2. Mai rückte man von Sozopolis ab, es bleiben also sechs Marschtage für den Weg von Laodicäa bis Sozop. d. h. für eine Entfernung von ca. 24 Meilen. Auffallend ist dabei zunächst, daß Colossae, damals Chonae, eine Stadt, die zu jener Zeit in großer Blüthe stand, nicht genannt wird; man wird annehmen müssen, daß sie auf dem Marsche nicht berührt wurde. Warum haben aber dann die Kreuzfahrer ihren Marsch nicht schon von Hierapolis nach N.=O. gewandt? Darauf ließe sich antworten, weil das Terrain und der Marsch über Laodic. viele Annehmlichkeiten bot und das Verproviantiren sehr erleichterte. Von Laodic. mußte man dann den Marsch in östlicher Richtung an den Nordabhängen des Chona=Dagh, nördlich des Tschurut=Göl — vielleicht der am 27. April passirte lac. salinarum — nehmen, dann nach O.=N.=O. an Oluburlu vorbei, nördlich vom Barla=Dagh nach Sozopolis. Wollte man nicht so weit nördlich, so mußte man südlich von Bulbur, Isbarta und Egerbir durch ein von Quergebirgen durchsetztes, äußerst schwieriges und gefährliches Terrain marschiren; während nach Norden die alte Heerstraße wies, die schon Xenophon und nach ihm Römer und Byzantiner eingeschlagen hatten. Gegen die südliche Richtung spricht auch, wie dann Sozopolis und Philomelium unterzubringen seien, denn wenn man auch mit Pocock Isbarta für Philomelium halten wollte, so wäre doch kaum erklärlich, wie das Heer vom 26. April bis 8. Mai gebraucht habe, um kaum mehr wie ein Drittel des verhältnißmäßig besten Wegs nach Iconium zurückzulegen, während ihm dann für die bei weitem größere Strecke Wegs und das schlechtere Terrain nur eine Woche übrig geblieben wäre. So scheint die nordöstliche Route die richtige.

[102] Die schon hier erwähnte Unterhandlung und Geldforderung des Sultans verwechseln die annal. Mediol. mit der späteren.

[103] ep. de morte: a via regia, quam Imperator Emanuel ire solebat, necessitate coacti, ad sinistram declinavimus.

[104] Die Tradition in den annal. Col. macht den vornehmen türkischen Führer zum Verräther: duxit infide per montem habentem tria milia in altum.

[105] ep. de morte 494.

[106] ep. de morte 494: dux Sueviae vulneratus est imo superiore dente penitus excusso et medietate inferioris.

[107] Annal. Mediol: Maxima multitudo Turchorum fugerunt in quadam clausura et Theotonici acceperunt ligna et combuserunt eos.

[108] Annal. Col. nennen ihn Gotfr. interpres imperatoris.

[109] Die erwähnte porta latina, der Begräbnißort und die geographische Lage deuten auf Ischaklu.

[110] ep. de morte nennt Montag nach Himmelfahrt (= 7. Mai.)

[111] Annal. Col. geben 15 milia und 400 an; die ep. de morte: plus quam 6 milia Turcorum, inter quos 374 — wohl die 400 der Köln. Annal. — de melioribus totius Turciae occisi sunt.

[112] Das von Ansb. genannte Firmin, bei Tag. Firma muß bei Af=schehr liegen.

[113] Annal. Mediol.: sed non inveniebant ad comedendum, sed comedebant equos.

¹¹¹) l. c. quum venissent ad quendam pontem, Turchi fuerant ante et retro cet.

¹¹⁵) ep. de morte nennt 40 milia equitum, andre mehr. Riezler 60 (?).

¹¹⁶) Das Wunder vom heil. Georg haben fast alle Rej.

¹¹⁷) Ansb. 64. Nach annal. Col. hat dies der h. Georg gethan.

¹¹⁸) Wilken IV, 128 referirt die Erzählung aus Nicetas, die Uhlands „Schwäbische Kunde" zu Grund liegt. Vergl. auch Riezler 103.

¹¹⁹) Arn. Lubic. c. 34. dessen manlat ist bei Sicard menolatum, bei annal. Mediol. manu latum. Wilk. 117. A. Vergl. Riezler 61 f.

¹²⁰) Annal. Mediol. (auch hier verfrüht) Soldanusita carum misit forum quod Christiani non poterant sufferre — pugnarent cum eis.

¹²¹) l. c. episcopus praecepit ut omnes reciperent poenitentiam et comederent carnes ad hoc ut firmiter pugnarent contra hostes.

¹²²) ep. de morte gibt 200,000 an.

¹²³) Annal. Mediol. venerunt — ubi agresta animalia Soltani inclusa pascebantur.

¹²⁴) Die Wichtigkeit Iconiums zeigt Wilken 128 f.

¹²⁵) ep de m. vix jam circa quingentos milites in equis.

¹²⁶) l. c. Iconium in magnitudine aequatur Coloniae.

¹²⁷) l. c. duc Sueviae cum sibi adjunctis sex.

¹²⁸) Der Angriff des Herzogs geschah wohl von N.-O., wo die Angreifer nicht durch Mauern und Gärten gehindert waren, während der Kaiser in N.-W. gerade dieses coupirte Terrain suchen mußte wegen der türkischen Reiterei.

¹²⁹) Es scheint klar, daß, als Kotbeddin sah, daß er mit seiner Politik Schiffbruch gelitten hatte, er sich die Vermittlung seines Vaters gern gefallen ließ. Das Erscheinen Gotfrieds beweist dies aber kaum (Riezler 63); es ist mir viel wahrscheinlicher, daß es ihm bei der allgemeinen Verwirrung in der Stadt gelungen war, zu entkommen; im anderen Fall wäre er gewiß nicht allein zum Thore herausgestürzt, sondern mit den Unterhändlern gekommen.

¹³⁰) Nicetas gibt die Aussage eines Türken an, nach welcher diesem das Wegtragen der Todten aus seinem Garten 200 Silberstateren gekostet habe.

¹³¹) Annal. Mediol. irrthümlich 24;

¹³²) l. c.

¹³³) Nach Tschihatscheff 17. scheint mir Ansbert's quaedam villa magna sicher = Kassaba.

¹³⁴) ep d m.: noctis silentio tantus factus est terrae motus, quod putabamus super nos Turcorum acies irruisse.

¹³⁵) Ueber Klein-Armenien s. Ritter, Klein-Asien II. 67—81. Riezler 65 ff.; Die Schilderungen der armenischen Gesandten bei der Brücke zu Mut sehen indeß etwas nach Abschreckungstheorie aus.

¹³⁶) Das cast. munitissimum Sibilia ist vielleicht das ca. 2—3 Stunden nördlich von Mut noch jetzt gelegene viereckige, viertürmige Castell, das einen starken Mittelthurm umschließt und nach Tschihatscheff 18. ein mittelalterliches Bauwerk ist.

¹³⁷) Wilk. IV. 137.

¹³⁸) Tschihatscheff 18.

¹³⁹) Mit Ansbert's herbarum abundantia ist ohne Zweifel die in jenen

Bergen häufige Wachholderbeerart (juniperus drupacea) gemeint, die süße, eßbare Früchte liefert. Tschih. 54.

¹¹⁰) Der treffliche Excurs Rieglers über den Tod des Kaisers überhebt mich einer genaueren Untersuchung. Nur Weniges möchte ich noch hinzufügen. Zunächst scheint doch hervorgehoben werden zu müssen, daß die Terrainbeschaffenheit des Salef=Ufers nach den höchst anschaulichen und genauen Angaben Tschihatscheffs bei den Berichten, insbesondere dem Ansberts beachtenswerth ist. Nicht nur erscheint dadurch die Frage über die innere Wahrscheinlichkeit beider Nachrichten beeinflußt, sondern der Bericht Ansbert's in den Worten: volens et calorem inmoderatum temperare et acumina montium devitare wird nach meiner Meinung völlig klar. Wie jener Reisende berichtet, ist man auf dem linken Ufer des Salef zuweilen gezwungen, entweder die schroffen nackten Felsen zu erklimmen und auf der anderen Seite mühsam wieder herabzurutschen, oder den Fluß bei einzelnen Krümmungen zu durchreiten. Nun scheint es mir das Wahrscheinlichste, daß der Kaiser dahin berichtet war, daß im weiteren Laufe des Flusses das rechte Ufer bei weitem passirbarer werde, wie das der genannte Reisende bestätigt. Nachdem dann der Kaiser das rechte Ufer erreicht hatte, erfolgte die Katastrophe. Als man nun zu dem Heer mit der Leiche stieß, erschien es den Leitern des Zugs, den Geistlichen sowohl als auch Friedrich von Schwaben nicht opportun, die ganze Wahrheit dem Heer wissen zu lassen, denn wie leicht konnte — und viele spätere Berichte beweisen dies ja — ein unchristlicher Tod als göttliche Strafe angesehen und das auf alle übrigen Führer und den ganzen Zug übertragen werden. Die Terrainbeschaffenheit nun und die Umstände, unter denen der Kaiser diesen letzten Zug gemacht hatte, erleichterten außerordentlich diese — pia fraus, deren Opfer auch Ansbert geworden ist, um so eher, als nichts leichter geglaubt wird, als Gewünschtes und er keinenfalls zu den Eingeweihten des kaiserlichen Hauptquartiers gehört hat, wie sein Stand und Rang das erklären. — Natürlich hat es bei dem Berichte der ep. de morte und Riezler's Resultaten lediglich sein Bewenden: Der Kaiser ist im Bad ertrunken. — Wenn Riezler sagt, daß er nur „die genaue Erzählung des Oliver Scholastic. hervorheben" wolle, so soll damit doch wohl nicht gesagt werden, daß diese mehr als triviale Ausschmückung sei. Der Kölner Magister läßt den Kaiser als vorsichtigen Mann „depositis vestibus nudus transnatare" und fügt die tiefsinnige Erklärung hinzu: „apertis poris corporis vi caloris aqua frigida subito interclusit vitalia." Andere haben eine andere Motivirung versucht; so erzählen die Annal. Egmund. M. G. S. S. XVI 470: ut sudorem ablueret, aquis se commisit, qui — lapidi inter aquas latenti allisus — obiit; ähnlich die Annal. Florent. M. G. S. S. XVI 625 — in scopulum delatus et graviter collisus occubuit, Chounradi Schirens. annal M. G. S. S. XVII, 630: — natans caput et latus confregit. — Wie schnell die geographische Confusion begonnen hat, zeigt sich schon in dem Bericht Otto's v. St. Blasien, der Friedrich in Cydnus sterben läßt, oder wie Ricobaldi compilat. chronolog. Eccard I, 1281, der ihn gar im Orontes juxta Antiochiam umkommen läßt. Der ehrliche sächsische Chronist sagt im Bewußtsein seiner Unwissenheit in seiner einfachen Weise: to Armenie dar wolde de Kaiser swemmen unde irdrank.

¹¹¹) Vergl. das Nähere Riezler 73.

www.ingramcontent.com/pod-product-compliance
Lightning Source LLC
Chambersburg PA
CBHW030353170426
43202CB00010B/1361